弈品阁

象棋实战训练丛书

象棋杀法

400题

题

（5～6步杀）

李志刚 编著

U0314362

化学工业出版社

·北京·

图书在版编目（CIP）数据

象棋杀法400题：5～6步杀 / 李志刚编著. —北京：
化学工业出版社，2024.6
（象棋实战训练丛书）
ISBN 978-7-122-45372-3

Ⅰ.①象… Ⅱ.①李… Ⅲ.①中国象棋－棋谱 Ⅳ.
①G891.2

中国国家版本馆CIP数据核字（2024）第069573号

责任编辑：杨松森　　　　　　　　　装帧设计：刘丽华
责任校对：李雨晴

出版发行：化学工业出版社（北京市东城区青年湖南街13号　邮政编码100011）
印　　装：大厂聚鑫印刷有限责任公司
880mm×1230mm　1/32　印张5　字数200千字　2024年5月北京第1版第1次印刷

购书咨询：010-64518888　　　　　售后服务：010-64518899
网　　址：http://www.cip.com.cn
凡购买本书，如有缺损质量问题，本社销售中心负责调换。

定　　价：39.80元　　　　　　　　　版权所有　违者必究

前　言

象棋杀法是象棋艺术中最精彩、也最具欣赏价值的部分，它如同足球比赛中的临门一脚，又好像电影中扣人心弦的情节高潮，更似一首乐曲中最动人的旋律篇章。一个个精妙绝伦的杀法，令观棋者赏心悦目，拍案叫绝。

早些年笔者曾出版过一套《象棋杀法4000题》，市场反响尚可，但也曾收到教学机构的教练以及读者指出的书中存在的不足之处。大家的意见普遍集中于以下两点：一是题的难度有些大，初学者不太适应，用作教学的辅助资料时，也容易造成一些不必要的"麻烦"；二是基础题量偏小，特别是一步杀和两步杀的题量略显不足，初学者尚未找到杀棋的感觉，就要被迫应对回合数更高、难度更大的习题了。因此，笔者经过精心筛选和编排，编写了这套"象棋实战训练丛书"。其中第1册《象棋杀法600题》，题型均为1～2步杀；第2册《象棋杀法500题》，题型均为3～4步杀；第3册《象棋杀法400题》，题型均为5～6步杀。

本书是第三册，面向的群体主要是已经具备一定棋力水平，但计算力和攻杀思路渴望进一步锻炼和提升的象棋爱好者。

全书的内容分为两章，第一章有200道题，为5步杀练习；第二章同样是200道题，为6步杀练习。全部400道题的参考答案统一放在习题的后边。这里需要特别说明的是，参考答案给出的着法一定是最优解之一，但不见得是回合数要求范围内唯一的解法。欢迎读者朋友们举一反三，思考是否存在多种同等高效的杀法选择。但一定要注意，如没能在规定的回合内完成杀棋，即便同样可成杀，在本书中也视为解法不正确。

由于习题及着法数量较多，且成书较为匆忙，加之笔者水平有限，书中若有纰漏之处，欢迎广大读者批评指正，先致谢意。

编著者
2024 年 5 月

目 录

第一章 5步杀

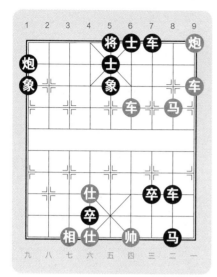

第1题

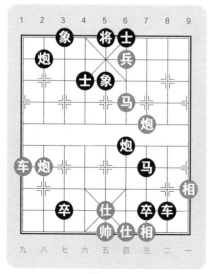

第2题

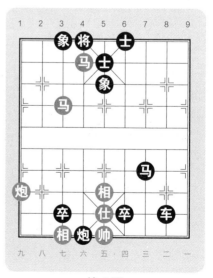

第3题

第4题

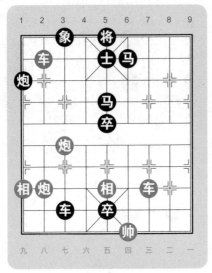

第 5 题

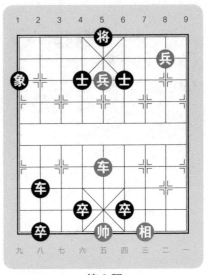

第 6 题

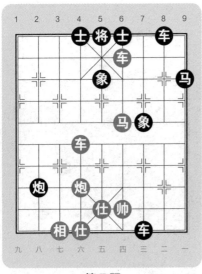

第 7 题

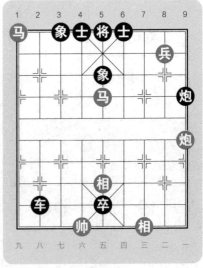

第 8 题

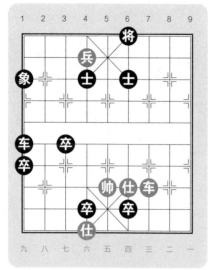

第 9 题

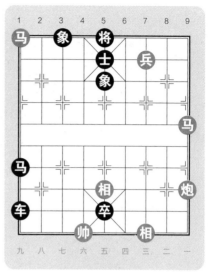

第 10 题

第 11 题

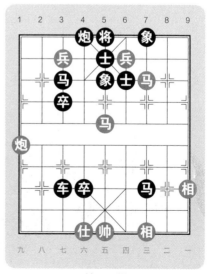

第 12 题

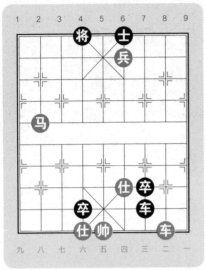

第13题

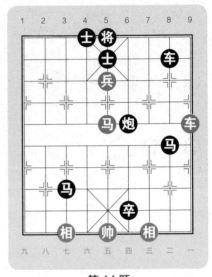

第14题

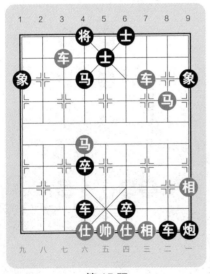

第15题

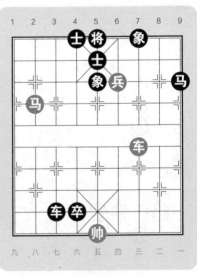

第16题

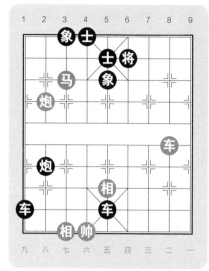

第17题

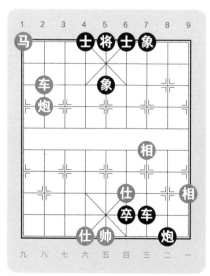

第19题

第18题

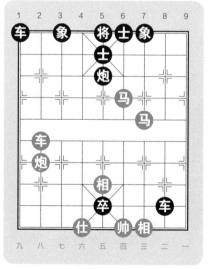

第20题

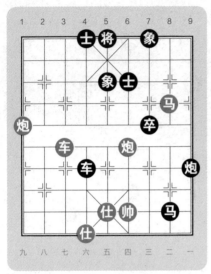

第 21 题

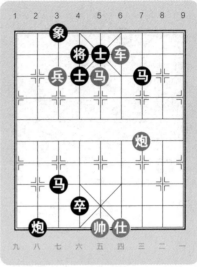

第 22 题

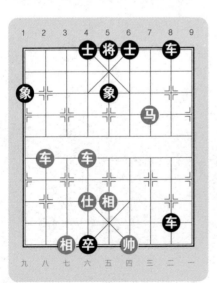

第 23 题

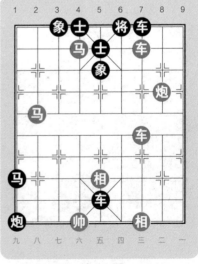

第 24 题

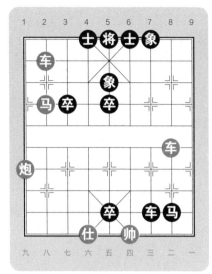

第25题

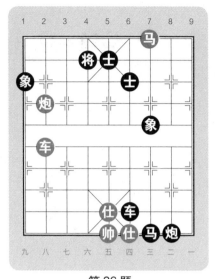

第26题

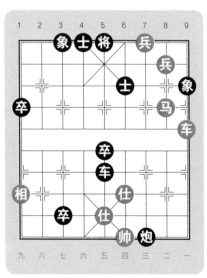

第27题

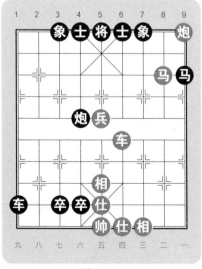

第28题

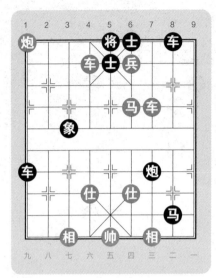

第29题

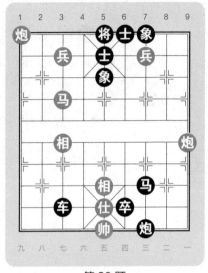

第30题

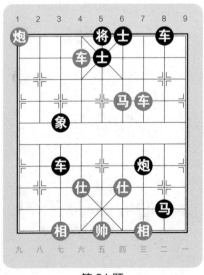

第31题

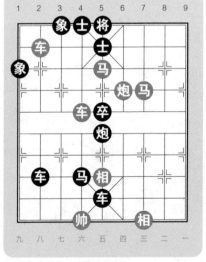

第32题

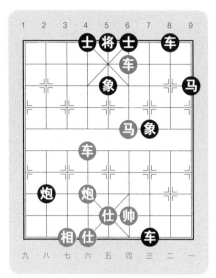

第33题

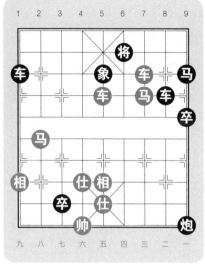

第34题

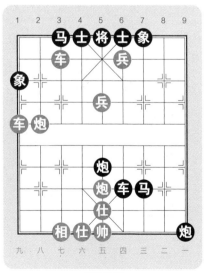

第35题

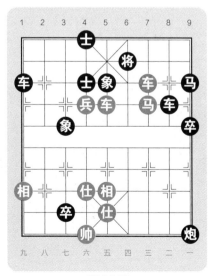

第36题

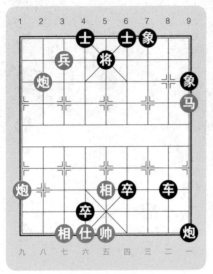

第 37 题

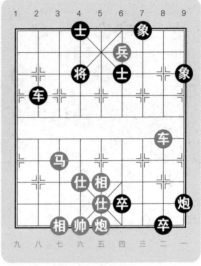

第 38 题

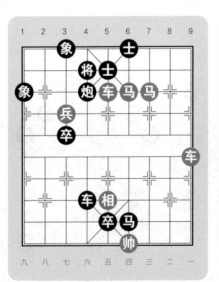

第 39 题

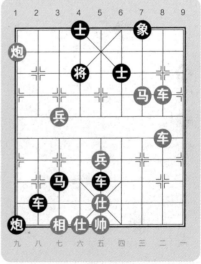

第 40 题

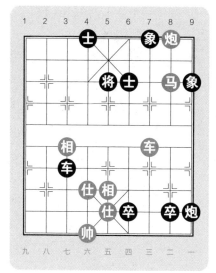

第 41 题

第 42 题

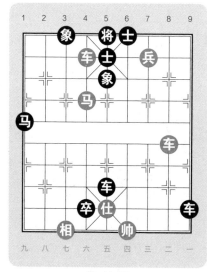

第 43 题

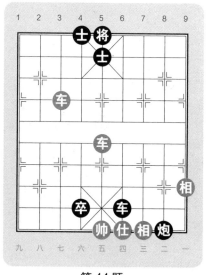

第 44 题

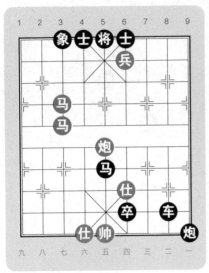

第45题

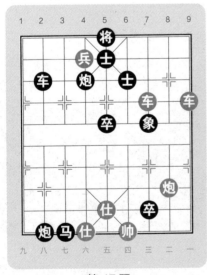

第46题

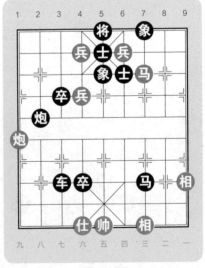

第47题

第48题

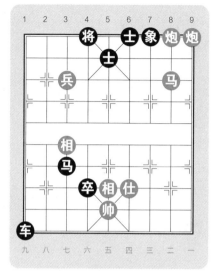

第49题

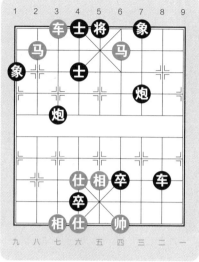

第50题

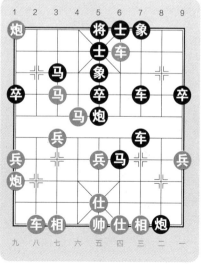

第51题

第52题

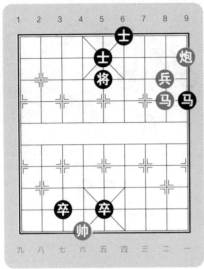

第 53 题

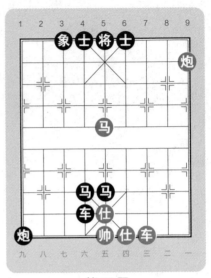

第 54 题

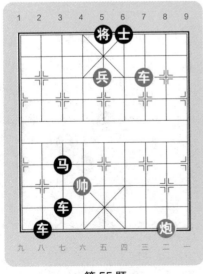

第 55 题

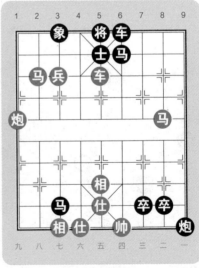

第 56 题

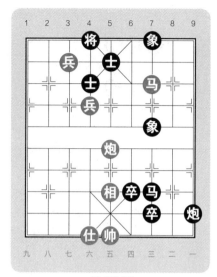

第57题

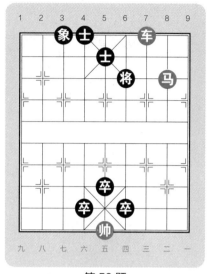

第58题

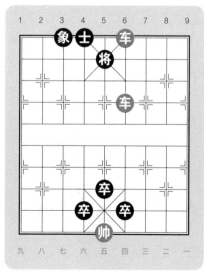

第59题

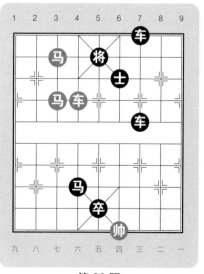

第60题

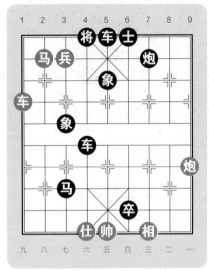

第61题

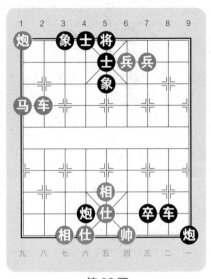

第62题

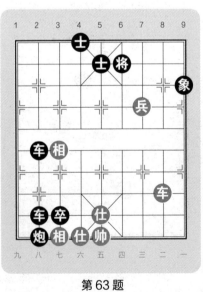

第63题

第64题

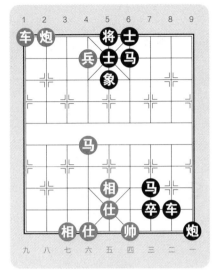

第65题

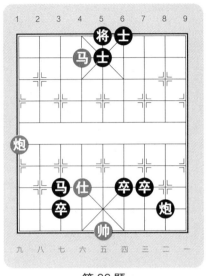

第66题

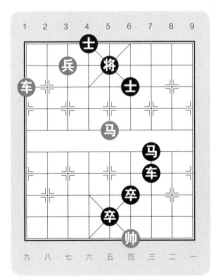

第67题

第68题

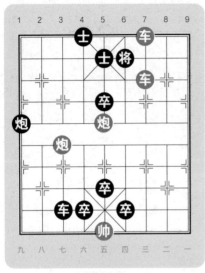

第69题

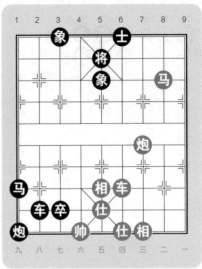

第70题

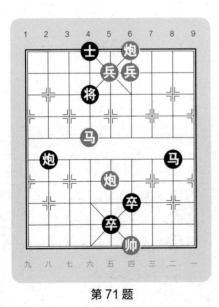

第71题

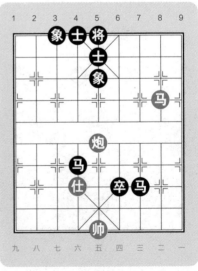

第72题

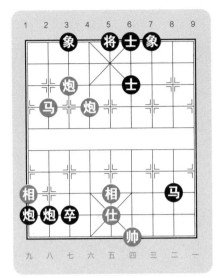

第73题

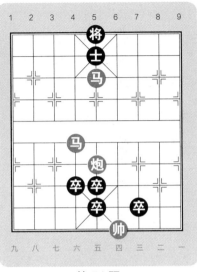

第74题

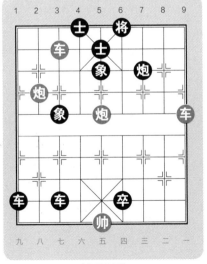

第75题

第76题

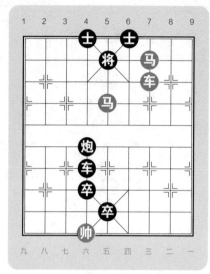

第77题

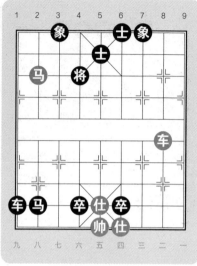

第78题

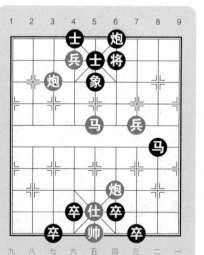

第79题

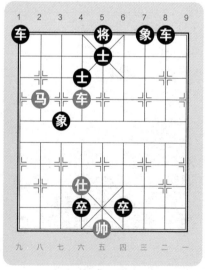

第80题

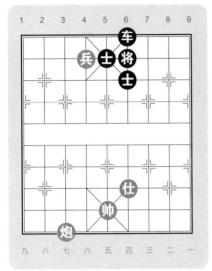

第81题

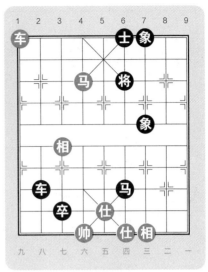

第82题

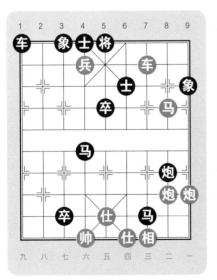

第83题

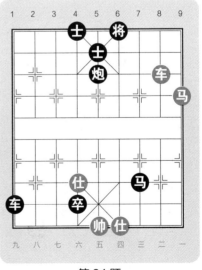

第84题

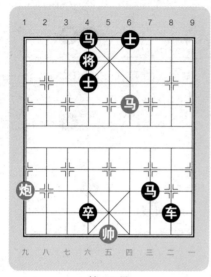

第85题

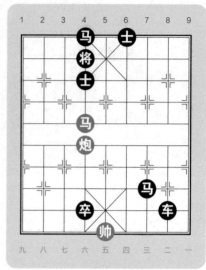

第86题

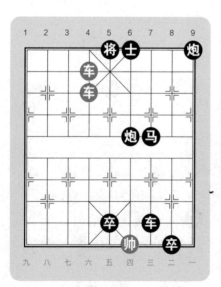

第87题

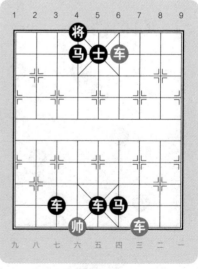

第88题

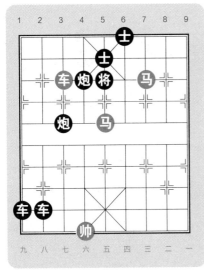

第89题

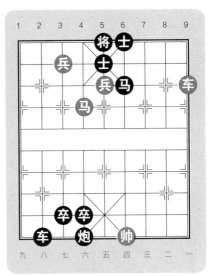

第90题

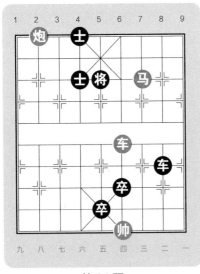

第91题

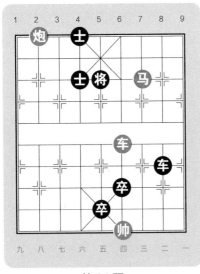

第92题

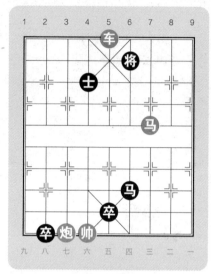

第 93 题

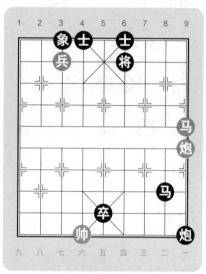

第 94 题

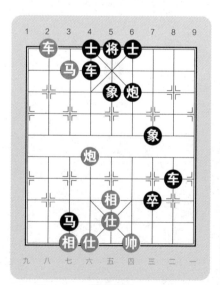

第 95 题

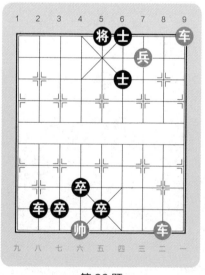

第 96 题

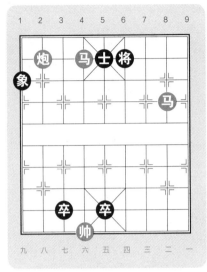

第 97 题

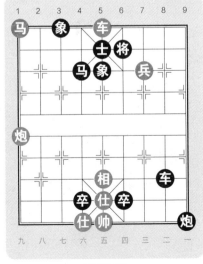

第 98 题

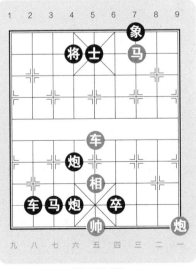

第 99 题

第 100 题

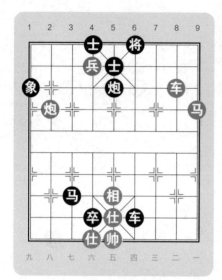

第 101 题

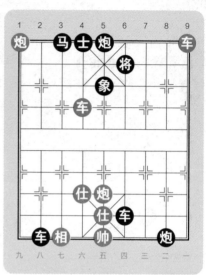

第 102 题

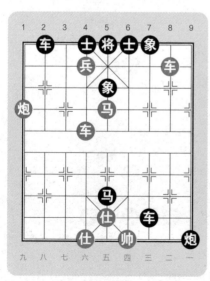

第 103 题

第 104 题

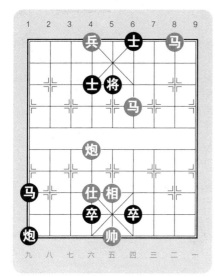

第 105 题

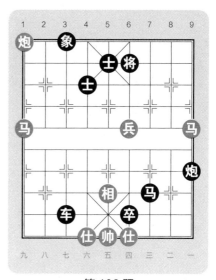

第 106 题

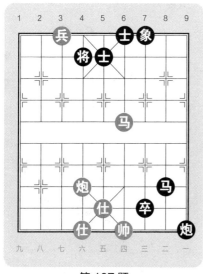

第 107 题

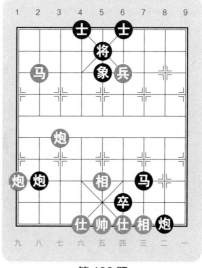

第 108 题

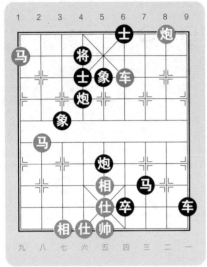

第 109 题

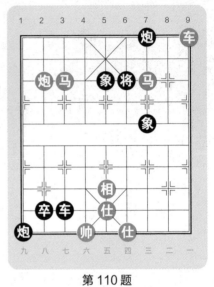

第 110 题

第 111 题

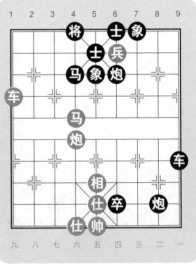

第 112 题

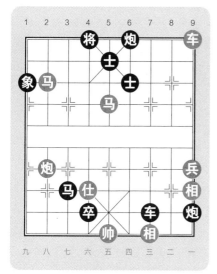

第113题

第114题

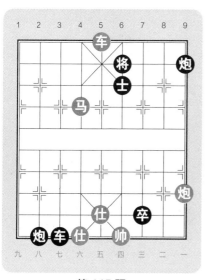

第115题

第116题

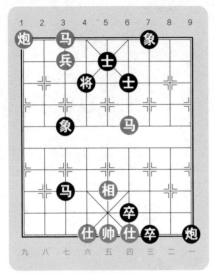

第 117 题

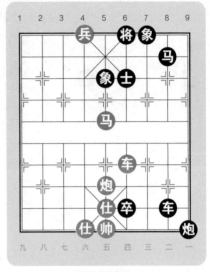

第 118 题

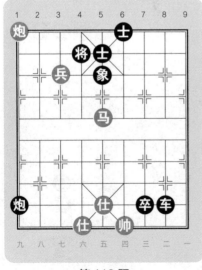

第 119 题

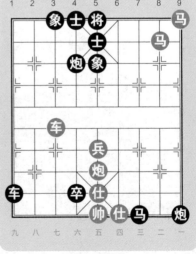

第 120 题

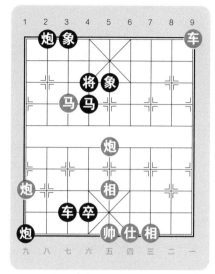

第121题

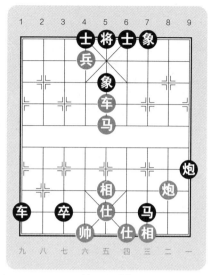

第122题

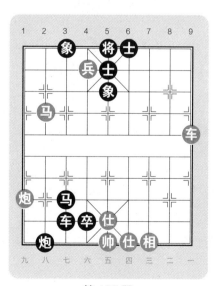

第123题

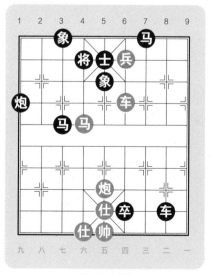

第124题

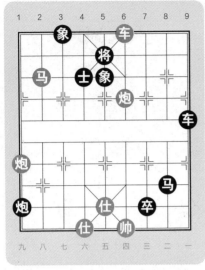

第 125 题

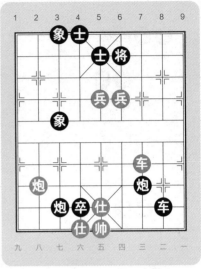

第 126 题

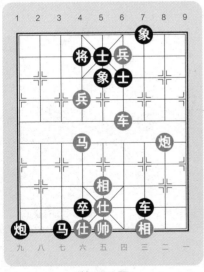

第 127 题

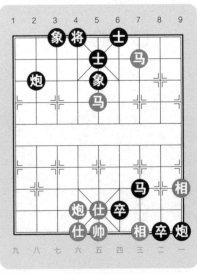

第 128 题

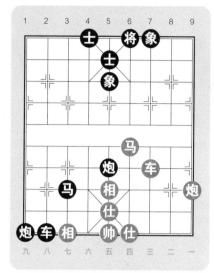

第 129 题

第 130 题

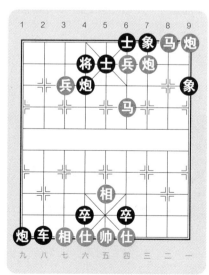

第 131 题

第 132 题

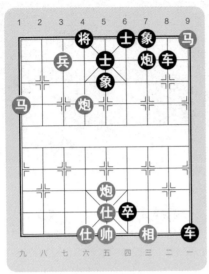

第 133 题

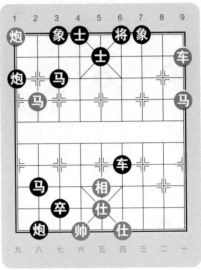

第 134 题

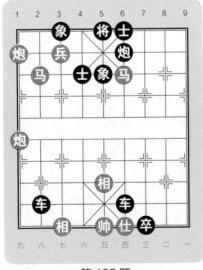

第 135 题

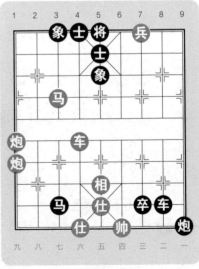

第 136 题

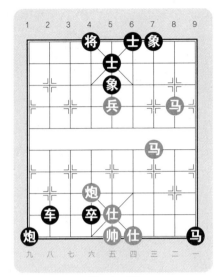

第 137 题

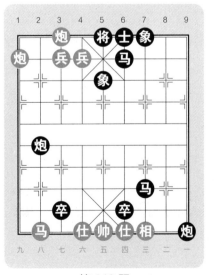

第 138 题

第 139 题

第 140 题

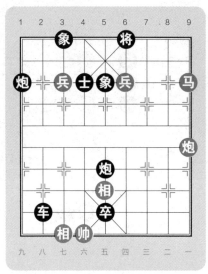

第 141 题

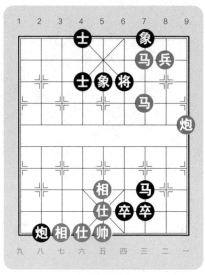

第 142 题

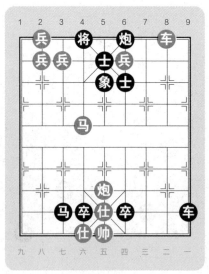

第 143 题

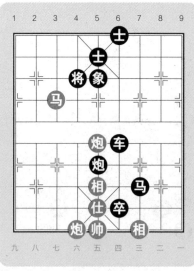

第 144 题

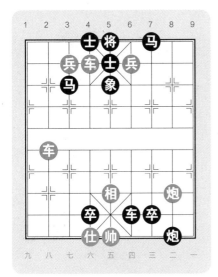

第 145 题

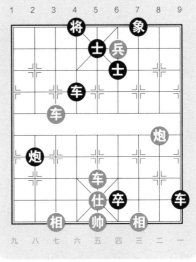

第 146 题

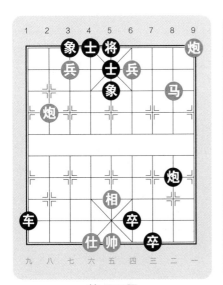

第 147 题

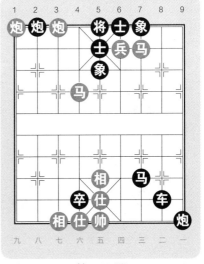

第 148 题

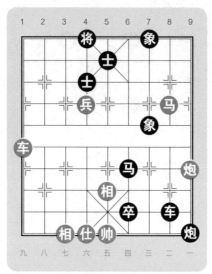

第 149 题

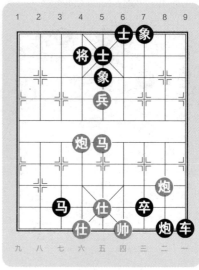

第 150 题

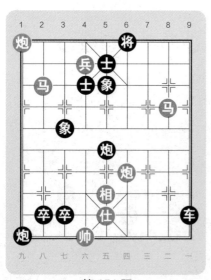

第 151 题

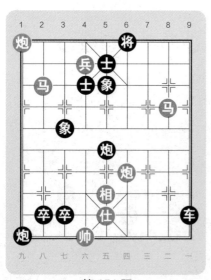

第 152 题

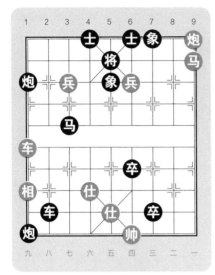

第 153 题　　　　　　　　　第 154 题

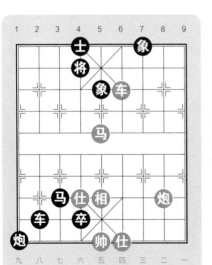

第 155 题　　　　　　　　　第 156 题

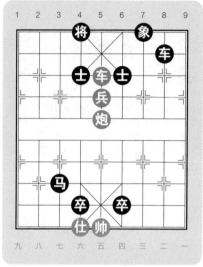

第 157 题

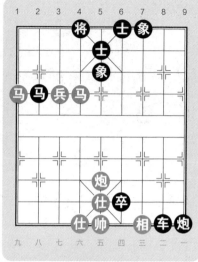

第 158 题

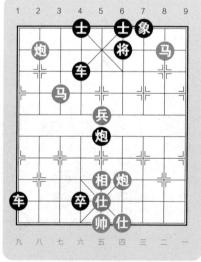

第 159 题

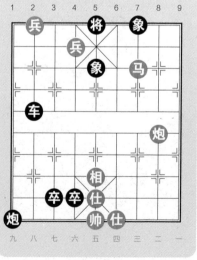

第 160 题

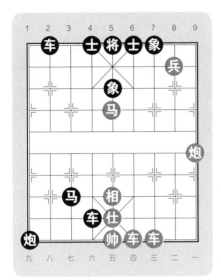

第 161 题

第 162 题

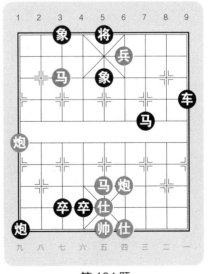

第 163 题

第 164 题

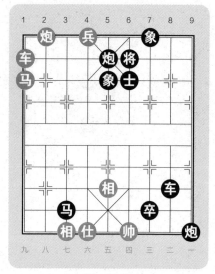

第 165 题

第 166 题

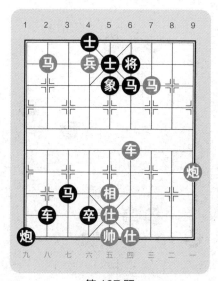

第 167 题

第 168 题

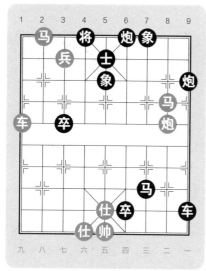

第 169 题

第 170 题

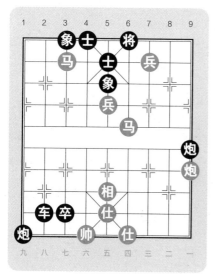

第 171 题

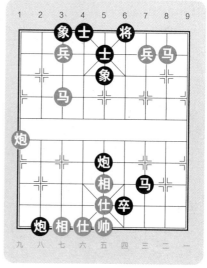

第 172 题

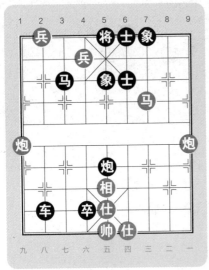

第 173 题

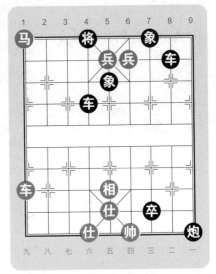

第 174 题

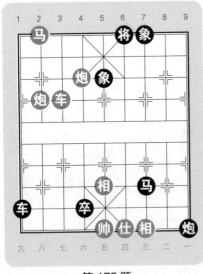

第 175 题

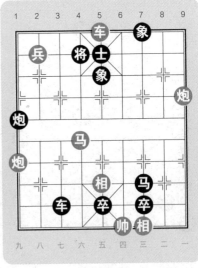

第 176 题

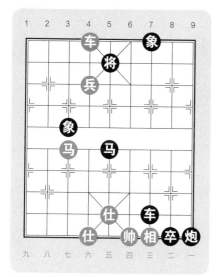

第 177 题

第 178 题

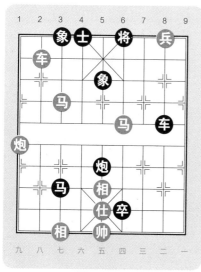

第 179 题

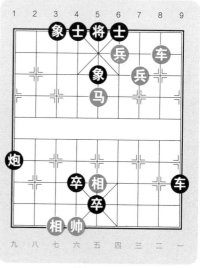

第 180 题

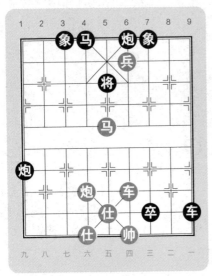

第 181 题

第 182 题

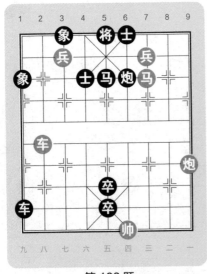

第 183 题

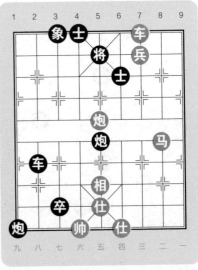

第 184 题

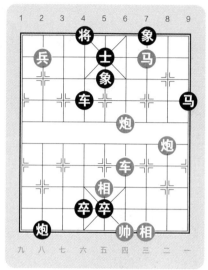

第 185 题

第 186 题

第 187 题

第 188 题

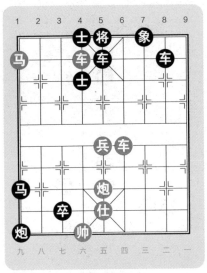

第 189 题

第 190 题

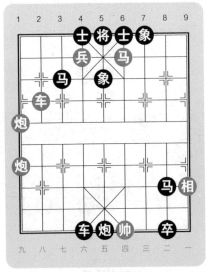

第 191 题

第 192 题

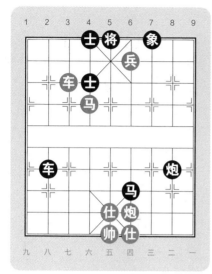

第 193 题

第 194 题

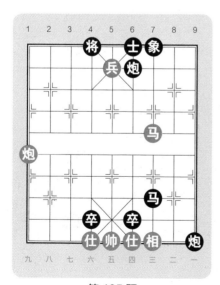

第 195 题

第 196 题

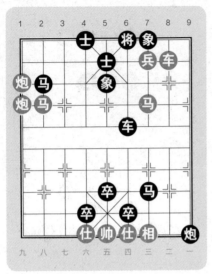

第 197 题

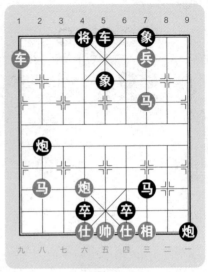

第 198 题

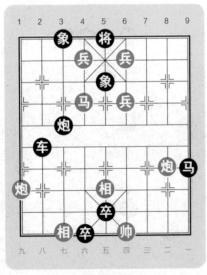

第 199 题

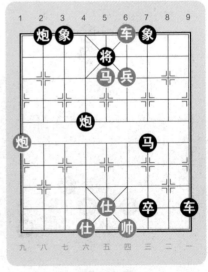

第 200 题

第二章 6步杀

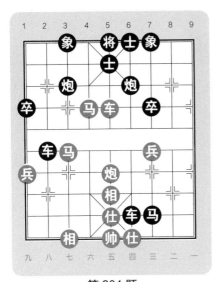

第201题

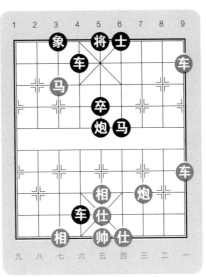

第202题

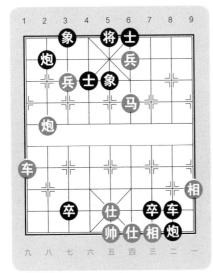

第203题

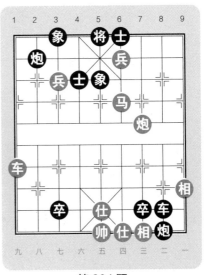

第204题

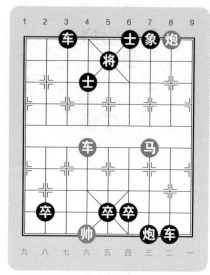

第 205 题

第 206 题

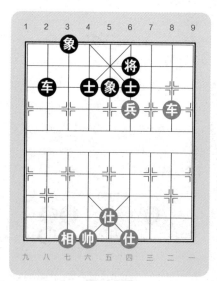

第 207 题

第 208 题

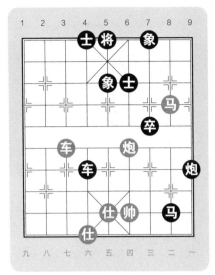

第 209 题

第 210 题

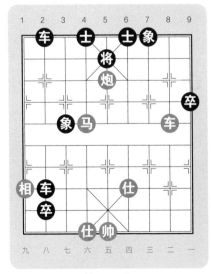

第 211 题

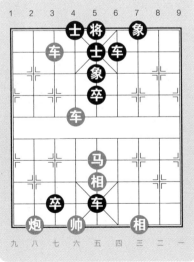

第 212 题

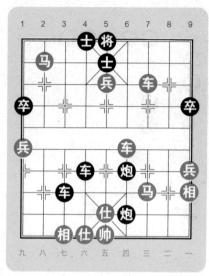

第 213 题

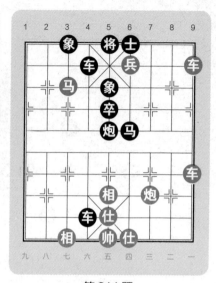

第 214 题

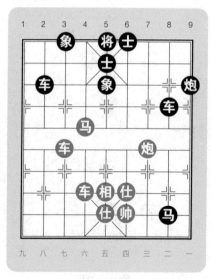

第 215 题

第 216 题

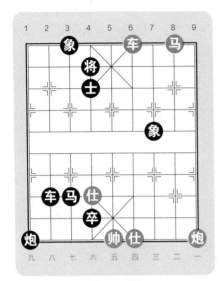

第 217 题

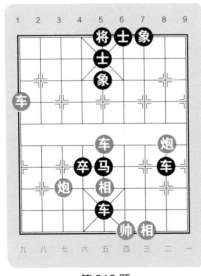

第 219 题

第 218 题

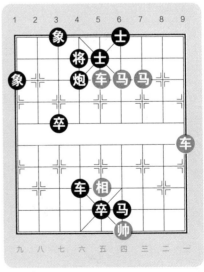

第 220 题

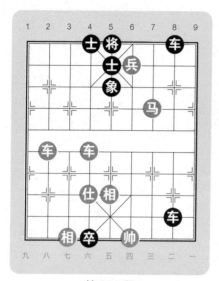

第221题

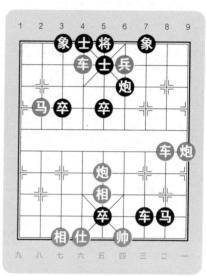

第222题

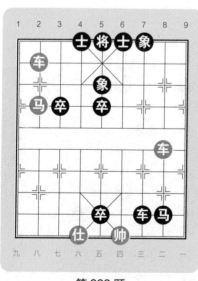

第223题

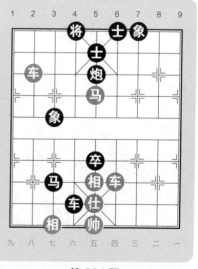

第224题

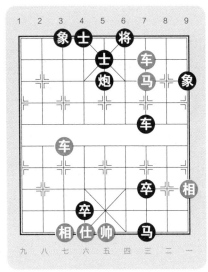

第 225 题

第 226 题

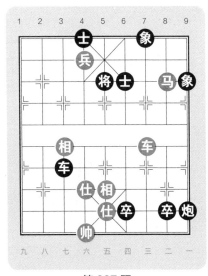

第 227 题

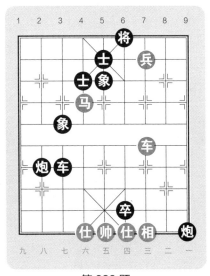

第 228 题

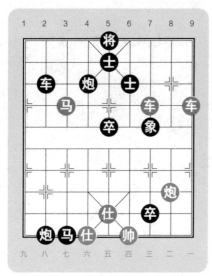

第 229 题

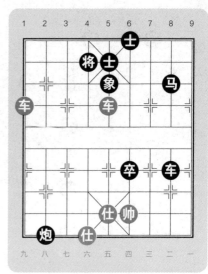

第 230 题

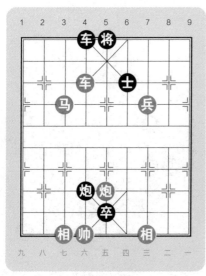

第 231 题

第 232 题

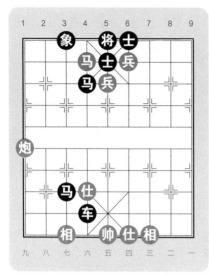

第233题

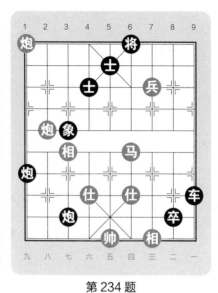

第234题

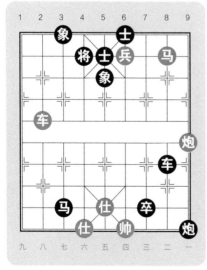

第235题

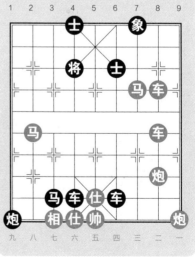

第236题

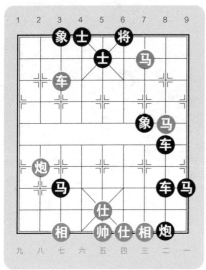

第 237 题

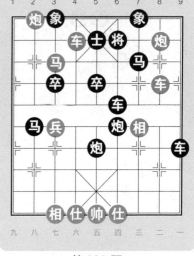

第 238 题

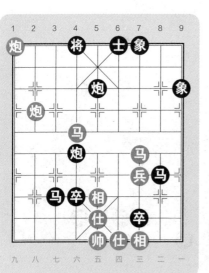

第 239 题

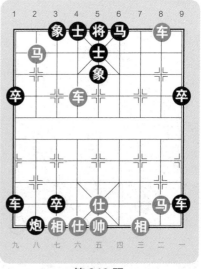

第 240 题

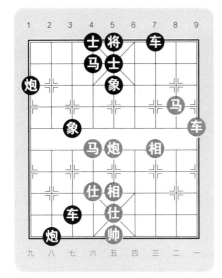

第241题

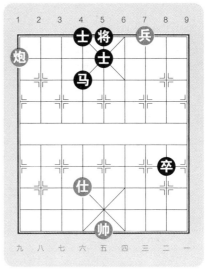

第242题

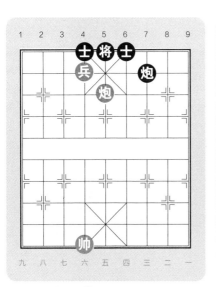

第243题

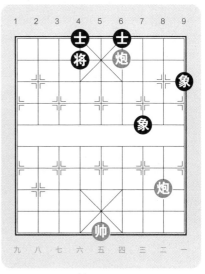

第244题

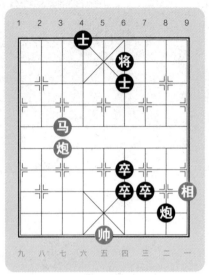

第 245 题

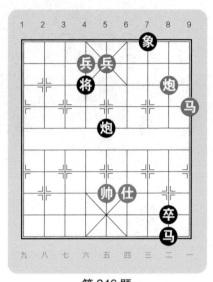

第 246 题

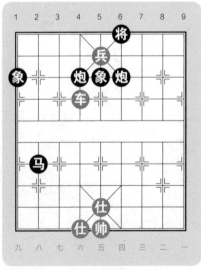

第 247 题

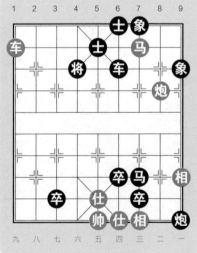

第 248 题

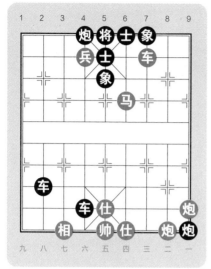

第249题

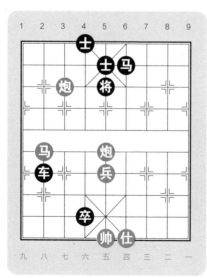

第251题

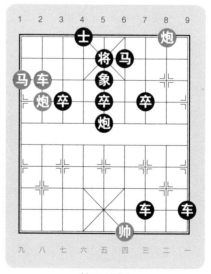

第250题

第252题

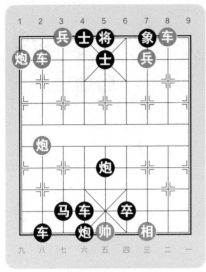

第253题

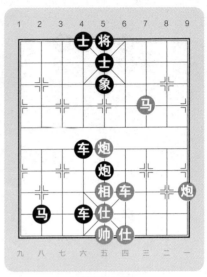

第254题

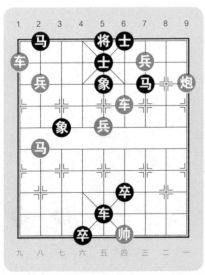

第255题

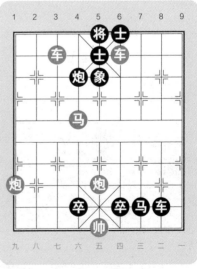

第256题

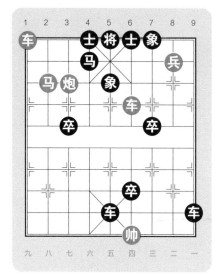

第 257 题

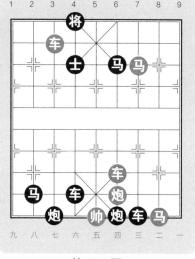

第 258 题

第 259 题

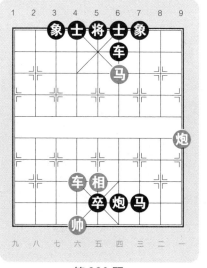

第 260 题

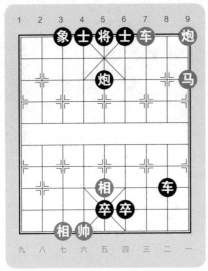

第 261 题

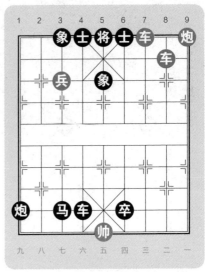

第 262 题

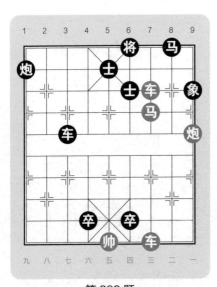

第 263 题

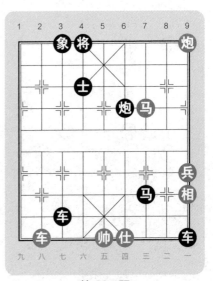

第 264 题

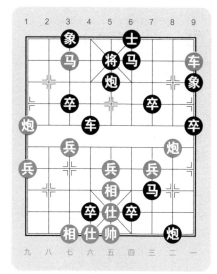

第265题

第266题

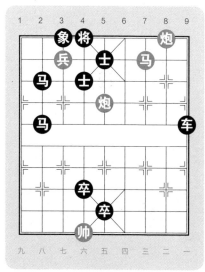

第267题

第268题

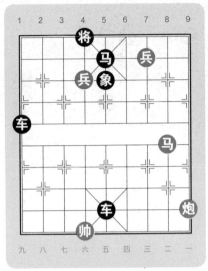

第 269 题

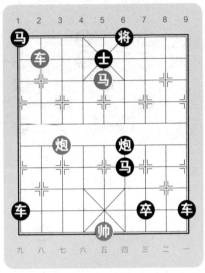

第 270 题

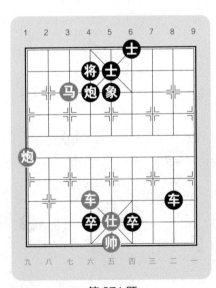

第 271 题

第 272 题

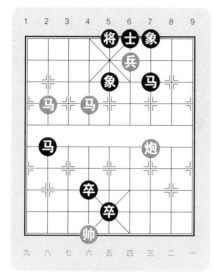

第 273 题

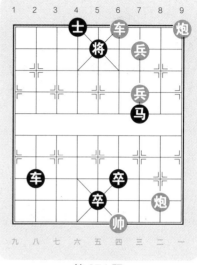

第 274 题

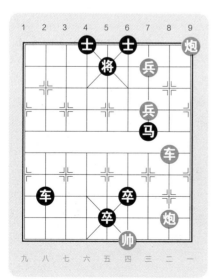

第 275 题

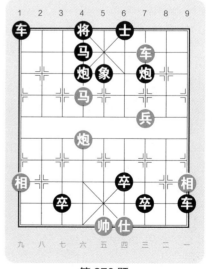

第 276 题

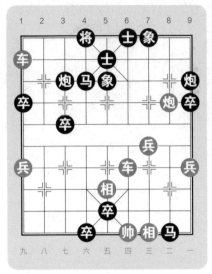

第 277 题

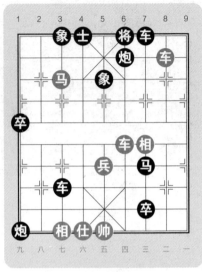

第 278 题

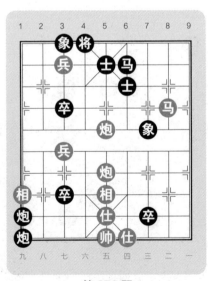

第 279 题

第 280 题

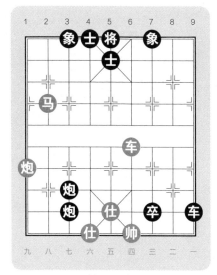

第281题

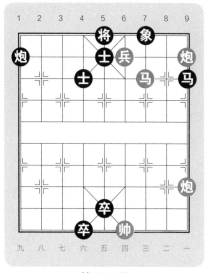

第282题

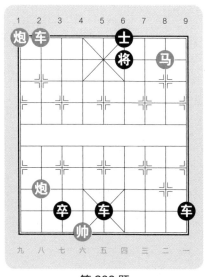

第283题

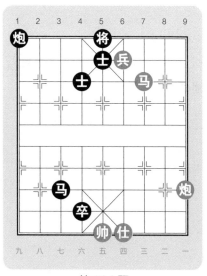

第284题

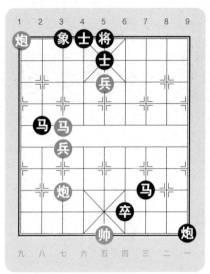

第285题

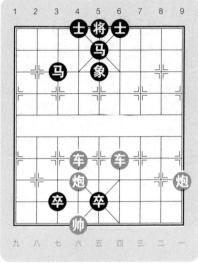

第286题

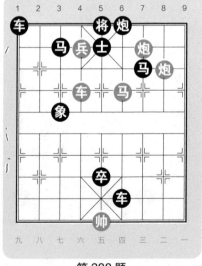

第287题

第288题

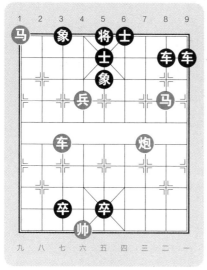

第 289 题

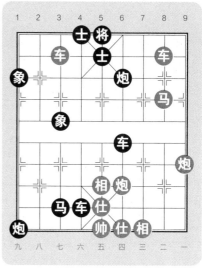

第 290 题

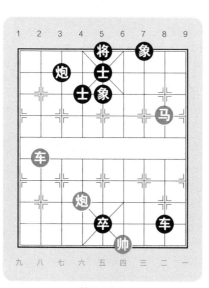

第 291 题

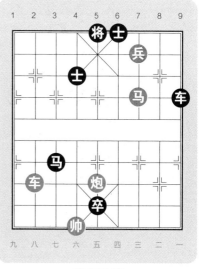

第 292 题

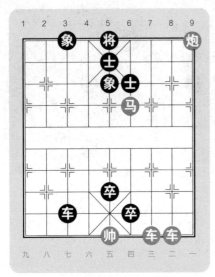

第 293 题

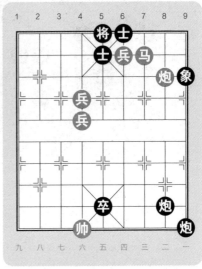

第 294 题

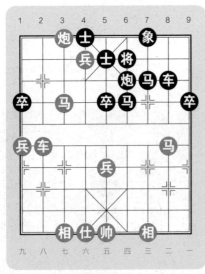

第 295 题

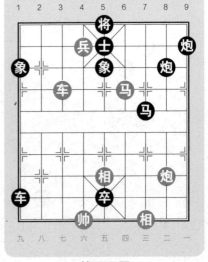

第 296 题

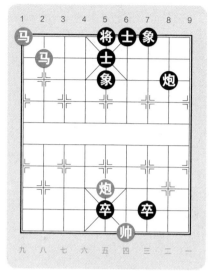

第 297 题

第 298 题

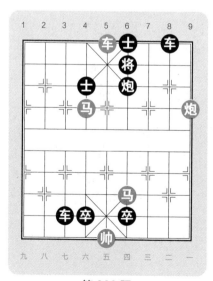

第 299 题

第 300 题

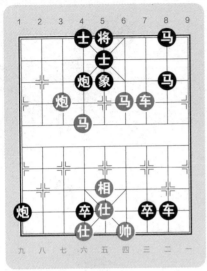

第301题

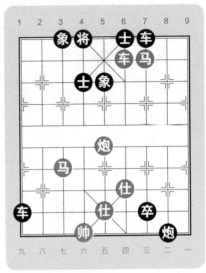

第302题

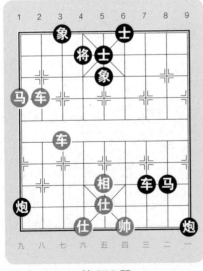

第303题

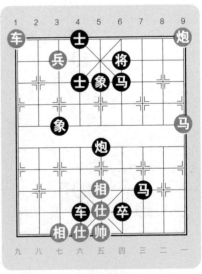

第304题

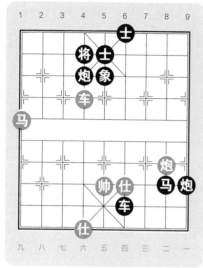

第 305 题　　　　　　　第 306 题

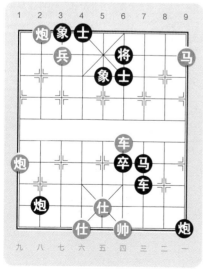

第 307 题　　　　　　　第 308 题

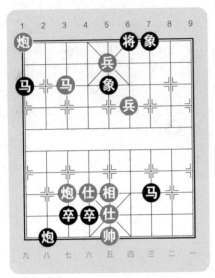

第 309 题

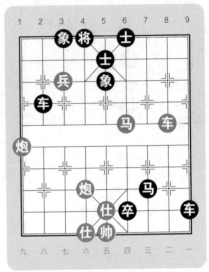

第 310 题

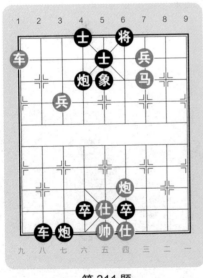

第 311 题

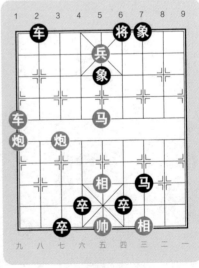

第 312 题

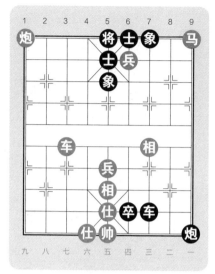

第 313 题

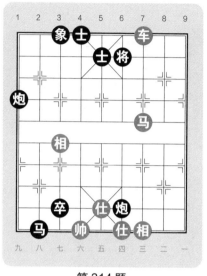

第 314 题

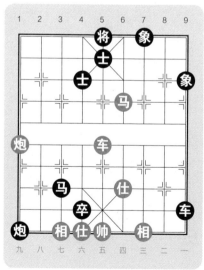

第 315 题

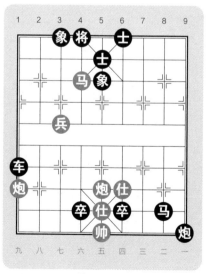

第 316 题

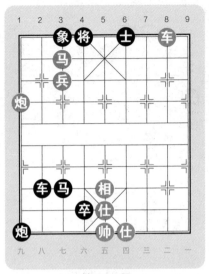

第317题

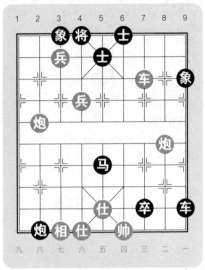

第318题

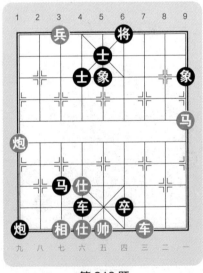

第319题

第320题

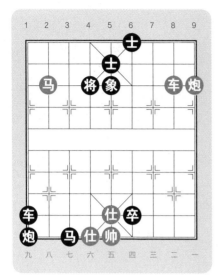

第 321 题

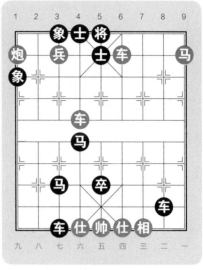

第 322 题

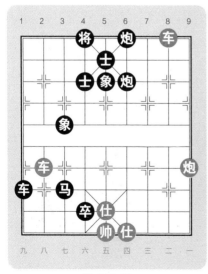

第 323 题

第 324 题

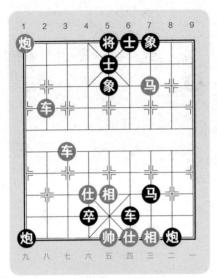

第 325 题

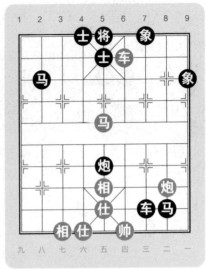

第 326 题

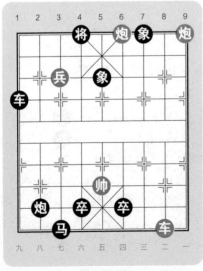

第 327 题

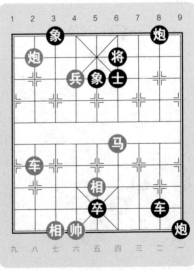

第 328 题

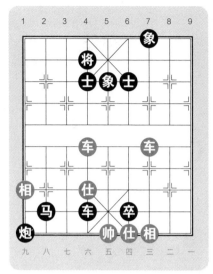

第 329 题

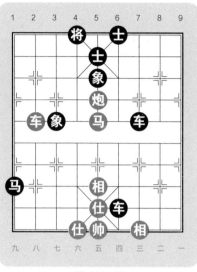

第 330 题

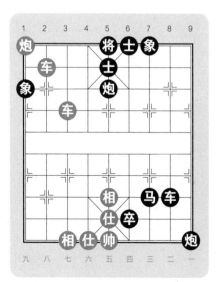

第 331 题

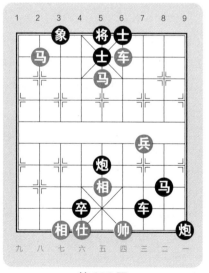

第 332 题

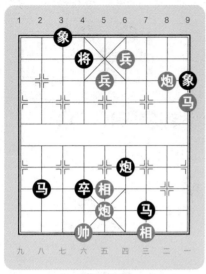

第 333 题

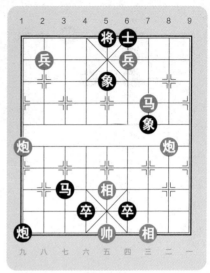

第 334 题

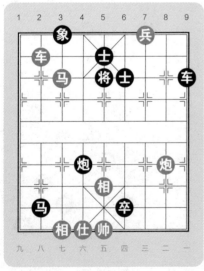

第 335 题

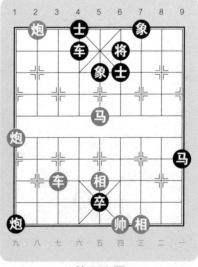

第 336 题

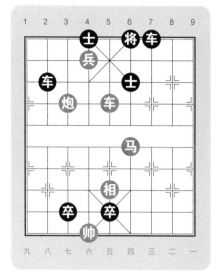

第 337 题

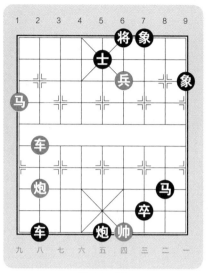

第 338 题

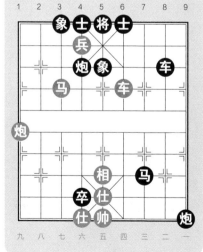

第 339 题

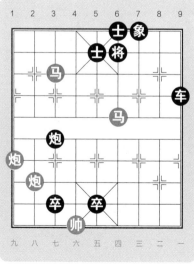

第 340 题

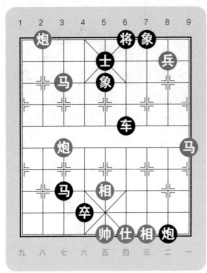

第 341 题

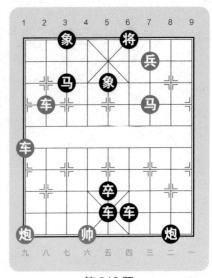

第 342 题

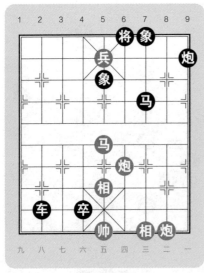

第 343 题

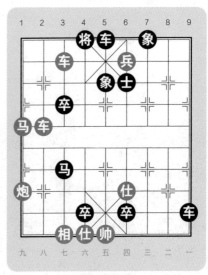

第 344 题

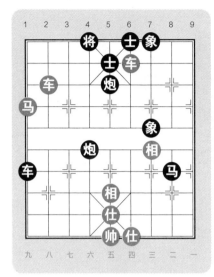

第 345 题

第 346 题

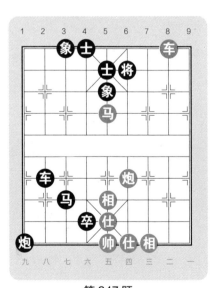

第 347 题

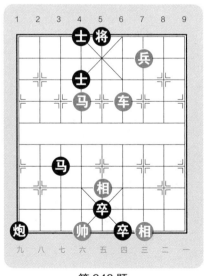

第 348 题

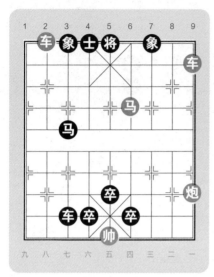

第 349 题

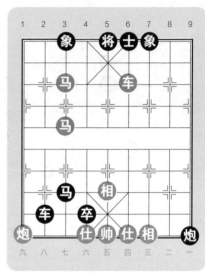

第 350 题

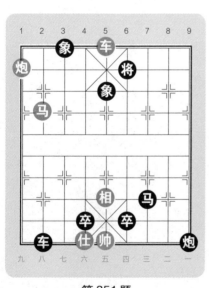

第 351 题

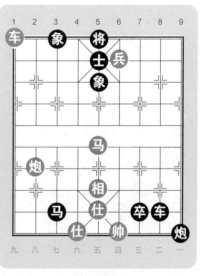

第 352 题

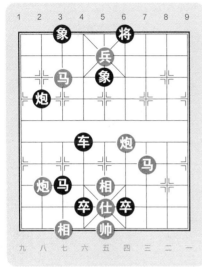

第 353 题

第 354 题

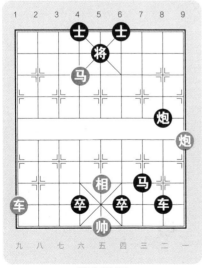

第 355 题

第 356 题

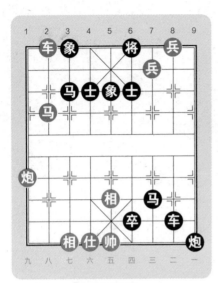

第 357 题

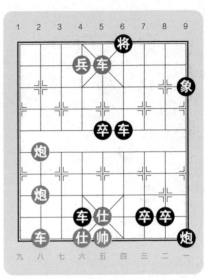

第 358 题

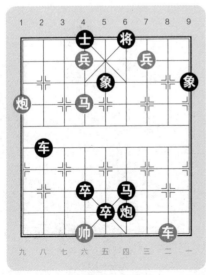

第 359 题

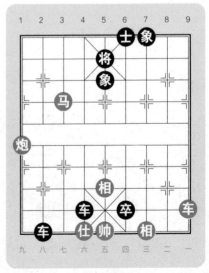

第 360 题

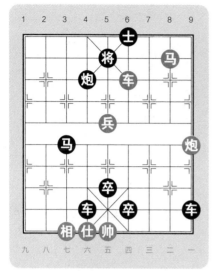

第 361 题

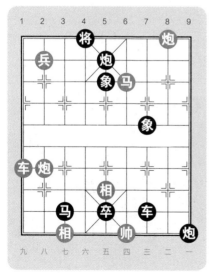

第 363 题

第 362 题

第 364 题

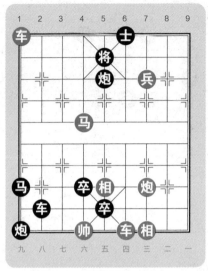

第 365 题

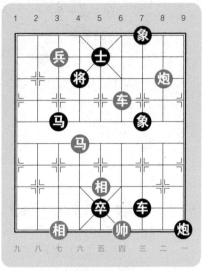

第 366 题

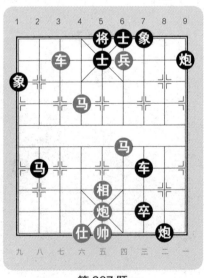

第 367 题

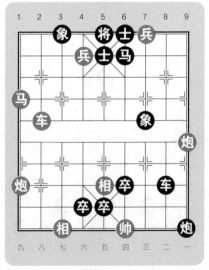

第 368 题

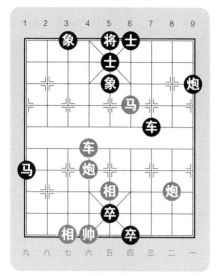

第 369 题

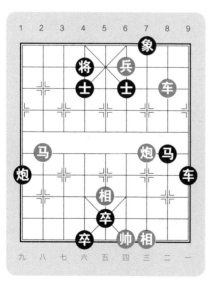

第 371 题

第 370 题

第 372 题

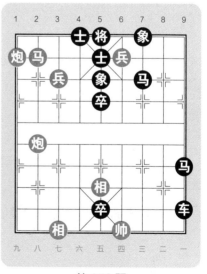

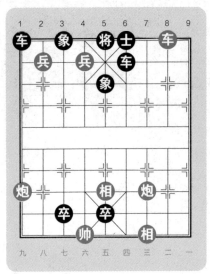

第 373 题

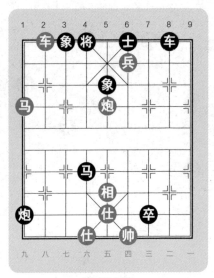

第 374 题

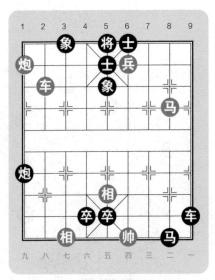

第 375 题

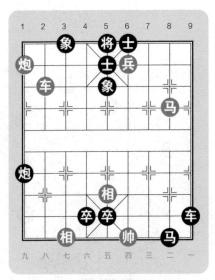

第 376 题

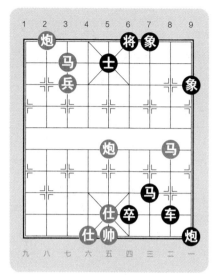

第 377 题

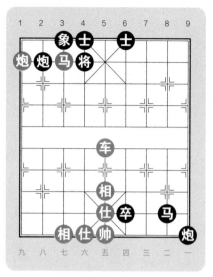

第 378 题

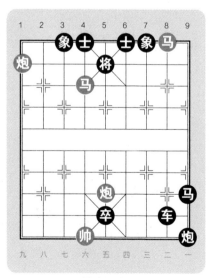

第 379 题

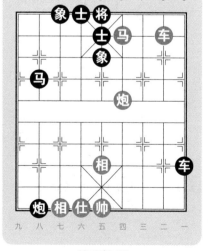

第 380 题

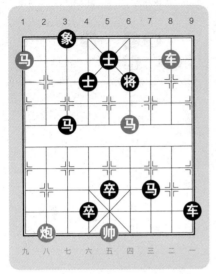

第 381 题

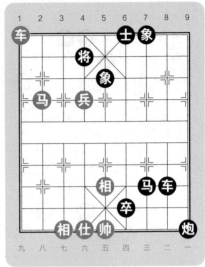

第 382 题

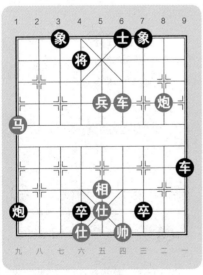

第 383 题

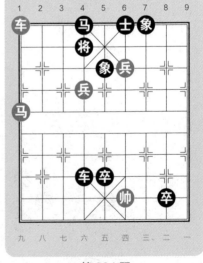

第 384 题

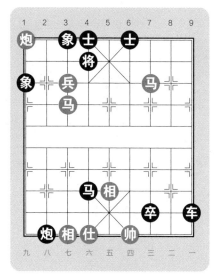

第 385 题

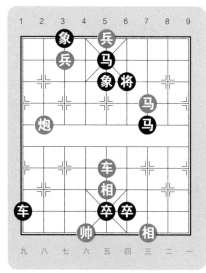

第 386 题

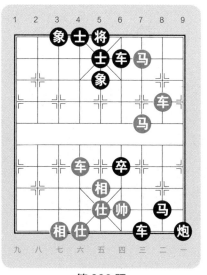

第 387 题

第 388 题

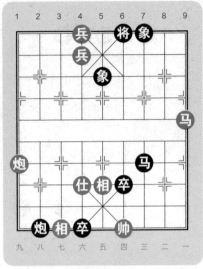

第389题

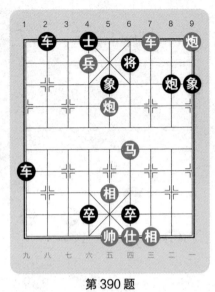

第390题

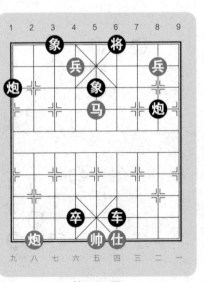

第391题

第392题

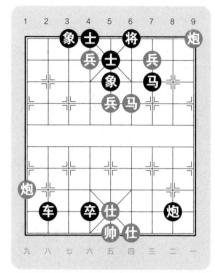

第 393 题

第 394 题

第 395 题

第 396 题

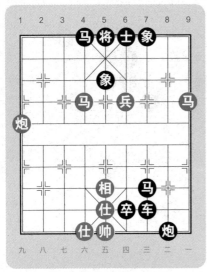

第 397 题

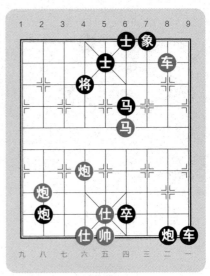

第 398 题

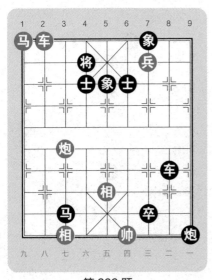

第 399 题

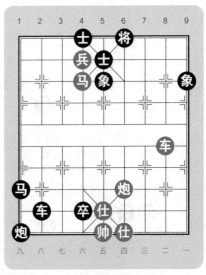

第 400 题

参考答案

第一章 5步杀

第1题

① 车一平五　车7平9

② 马二进四　将5平4

③ 车四平六　炮1平4

④ 车五进一　士6进5

⑤ 车六进二

第2题

① 车五进五　炮7平5

② 前兵平六　将4进1

③ 炮二平六　马2进4

④ 兵七平六　将4退1

⑤ 兵六进一

第3题

① 马四进六　炮2平4

② 车九进六　炮6平5

③ 相三进五　士6进5

④ 炮三平五　马7进5

⑤ 车九平七

第4题

① 马七进八　将4平5

② 炮九进七　士5退4

③ 马六退四　将5进1

④ 炮九退一　炮4退8

⑤ 马八退六

第5题

① 车三进七　士5退6

② 车三平四　将5平6

③ 车八平四　马5退6

④ 炮八进七　象3进5

⑤ 炮七进五

第6题

① 兵五平六　士6退5

② 车五进五　将5平6

③ 车五进一　将6进1

④ 兵二平三　将6进1

⑤ 车五平四

101

第7题

① 车六进五　　将5平4

② 马四进六　　将4平5

③ 炮六平五　　将5平4

④ 车四平六　　将4进1

⑤ 炮五平六

第8题

① 马九退七　　将5进1

② 马五进三　　将5平6

③ 兵二平三　　将6进1

④ 马七退六　　炮9平5

⑤ 炮一进三

第9题

① 车三进七　　将6进1

② 车三退一　　将6退1

③ 兵六进一　　士6退5

④ 兵六平五　　将6平5

⑤ 车三进一

第10题

① 马九退七　　将5平6

② 兵三平四　　将6进1

③ 马一进三　　将6退1

④ 马三进二　　将6进1

⑤ 炮一进六

第11题

① 车二进一　　将6进1

② 马五退三　　象5进7

③ 车七平四　　将6平5

④ 车二退一　　士5进6

⑤ 车四进一

第12题

① 马五进六　　士5进4

② 炮九进五　　炮4进1

③ 兵七平六　　士4退5

④ 炮九平三　　车3进2

⑤ 马三进四

第13题

① 马八进七　　将4进1

② 兵四平五　　士6进5

③ 马七进八　　将4退1

④ 车二进九　　士5退6

⑤ 车二平四

第14题

① 马五进四　　将5平6

② 马四进二　　将6进1

③ 马二退三　　马8退7

④ 车一平四　　士5进6

⑤ 车四进二

第 15 题

① 车三平六　士 5 进 4

② 车七平六　将 4 进 1

③ 马六进七　将 4 退 1

④ 马七进八　将 4 进 1

⑤ 马二进四

第 16 题

① 马八进六　士 5 进 4

② 车三进五　将 5 进 1

③ 兵四平五　将 5 平 4

④ 兵五平六　将 4 进 1

⑤ 车三平六

第 17 题

① 车二平四　士 5 进 6

② 炮八平四　士 6 退 5

③ 炮四平五　士 5 进 6

④ 马七进六　将 6 退 1

⑤ 车四进三

第 18 题

① 马三进五　将 4 进 1

② 车二进二　士 6 进 5

③ 马五退七　将 4 退 1

④ 车二进一　士 5 退 6

⑤ 车二平四

第 19 题

① 马九退七　将 5 进 1

② 车八平五　将 5 平 6

③ 炮八进二　士 6 进 5

④ 车五平四　将 6 进 1

⑤ 马七退六

第 20 题

① 马四进六　士 5 进 4

② 马三进四　将 5 平 4

③ 炮八平六　士 4 退 5

④ 车八平六　士 5 进 4

⑤ 车六进三

第 21 题

① 马二进四　将 5 进 1

② 车七进四　车 4 退 5

③ 炮九平五　象 5 进 3

④ 车七平六　将 5 进 1

⑤ 炮四平五

第 22 题

① 兵七进一　将 4 退 1

② 车四进一　马 7 退 6

③ 兵七进一　将 4 进 1

④ 炮三进四　士 5 进 6

⑤ 马五进四

第 23 题

① 车六进五　将 5 平 4

② 马三进五　将 4 进 1

③ 马五退七　将 4 退 1

④ 车八进五　象 1 退 3

⑤ 车八平七

第 24 题

① 前车平四　将 6 进 1

② 车三平四　士 5 进 6

③ 炮二平四　将 6 平 5

④ 马八进七　将 5 退 1

⑤ 马六退四

第 25 题

① 炮九进六　象 5 退 3

② 马八进七　将 5 进 1

③ 马七退六　将 5 退 1

④ 车八平五　士 6 进 5

⑤ 马六进七

第 26 题

① 车八平六　士 5 进 4

② 炮八平六　士 4 退 5

③ 炮六平四　士 5 进 4

④ 马三退四　将 4 退 1

⑤ 车六进三

第 27 题

① 车一平五　象 3 进 5

② 车五进二　士 4 进 5

③ 马二进四　将 5 平 4

④ 车五进一　车 5 进 2

⑤ 车五平六

第 28 题

① 车四进五　将 5 进 1

② 马二退四　将 5 进 1

③ 兵五进一　将 5 平 4

④ 兵五平六　将 4 退 1

⑤ 车四平六

第 29 题

① 兵四进一　将 5 平 6

② 车六进一　将 6 进 1

③ 马四进六　象 3 退 5

④ 车三进二　将 6 进 1

⑤ 马六退五

第 30 题

① 兵七进一　士 5 退 4

② 兵七平六　将 5 平 4

③ 马七进八　将 4 平 5

④ 马八退六　将 5 平 4

⑤ 炮一平六

第 31 题

① 车六平五　士 6 进 5

② 马四进六　将 5 平 4

③ 马六进七　将 4 进 1

④ 车三平六　士 5 进 4

⑤ 车六进一

第 32 题

① 马五进三　将 5 平 6

② 车六进四　士 5 退 4

③ 车八平四　将 6 平 5

④ 车四平六　将 5 平 6

⑤ 车六进一

第 33 题

① 车六进五　将 5 平 4

② 马四进六　将 4 平 5

③ 炮六平五　将 5 平 4

④ 车四平六　将 4 进 1

⑤ 炮五平六

第 34 题

① 车三平四　将 6 平 5

② 车四平五　车 1 平 5

③ 车五进一　将 5 平 4

④ 马八进七　将 4 退 1

⑤ 马三进四

第 35 题

① 炮八平五　士 4 进 5

② 兵五平四　将 5 平 4

③ 车九平六　士 5 进 4

④ 车六进二　将 4 平 5

⑤ 车七平五

第 36 题

① 车三平四　将 6 平 5

② 车四平五　将 5 平 4

③ 兵六进一　车 1 平 4

④ 前车平六　将 4 进 1

⑤ 车五平六

第 37 题

① 马一进三　将 5 平 6

② 马三退五　将 6 平 5

③ 兵七平六　将 5 退 1

④ 炮九进七　士 4 进 5

⑤ 炮八进二

第 38 题

① 车二平六　将 4 平 5

② 相五进三　车 2 平 5

③ 马七进六　将 5 平 4

④ 马六进七　将 4 平 5

⑤ 马七进六

第39题

① 车五平六　将4进1

② 兵七进一　将4平5

③ 马三退四　将5平6

④ 马四进二　将6退1

⑤ 车一进四

第40题

① 马三退五　将4退1

② 前车平六　将4平5

③ 车二进四　将5退1

④ 马五进四　将5平6

⑤ 车六进三

第41题

① 车三平五　将5平4

② 马二进四　士6退5

③ 车五平六　将4平5

④ 马四退三　将5平6

⑤ 车六平四

第42题

① 车八进二　将4进1

② 车八退一　将4退1

③ 马五进七　将4平5

④ 车八平五　士6进5

⑤ 兵四平五

第43题

① 车六平五　将5平4

② 车五进一　将4平5

③ 马六进七　将5进1

④ 兵三平四　将5平4

⑤ 车二平六

第44题

① 车五进四　将5平6

② 车五进一　将6进1

③ 车七进二　士4进5

④ 车七平五　将6进1

⑤ 前车平四

第45题

① 前马进五　士4进5

② 马七进六　将5平4

③ 炮五平六　马5退4

④ 马六进八　将4平5

⑤ 马五进七

第46题

① 兵五进一　士6进5

② 兵四平五　将5平4

③ 炮九进五　象3进1

④ 马六进八　象1退3

⑤ 马八退七

第47题

① 兵六平五　士6退5

② 车一进三　士5退6

③ 车一平四　将5进1

④ 车三进二　将5进1

⑤ 车四平五

第48题

① 前兵平五　士6退5

② 兵四平五　将5平4

③ 炮九平六　炮2平4

④ 兵六进一　卒4进1

⑤ 兵六进一

第49题

① 炮一平三　将4进1

② 炮三退一　士5进6

③ 马二进四　士6进5

④ 兵七进一　将4退1

⑤ 炮三进一

第50题

① 马四退六　将5进1

② 马六退四　将5平6

③ 马八进六　将6退1

④ 马六退五　将6进1

⑤ 车七平四

第51题

① 马五进七　将4退1

② 炮二进一　车1平7

③ 炮一平三　车7退5

④ 兵四平五　车7平8

⑤ 马七进八

第52题

① 后炮平八　马6进7

② 车四退七　将5平4

③ 马六进七　将4进1

④ 前马退九　将4退1

⑤ 炮八进七

第53题

① 炮一退一　士5进6

② 兵二进一　士6退5

③ 马二退四　将5平6

④ 马四进三　将6退1

⑤ 兵二平三

第54题

① 马五进六　将5进1

② 车三进八　将5进1

③ 车三退一　将5退1

④ 马六退四　将5平4

⑤ 车三平六

107

第55题

① 炮二进九　士6进5

② 车三进二　士5退6

③ 车三退一　士6进5

④ 兵五进一　将5平6

⑤ 车三进一

第56题

① 炮九进四　象3进5

② 马八进七　士5退4

③ 马七退六　将5进1

④ 马二进四　将5平4

⑤ 兵七进一

第57题

① 兵七进一　将4进1

② 马三退五　象7退5

③ 马五退六　炮9退5

④ 炮五进二　卒7平6

⑤ 马六进七

第58题

① 车三退二　将6退1

② 车三退一　将6进1

③ 马二进三　将6退1

④ 车三平四　士5进6

⑤ 车四进一

第59题

① 前车退一　将5退1

② 后车平五　象3进5

③ 车五进一　士4进5

④ 车四平五　将5平4

⑤ 后车平六

第60题

① 车六进二　将5退1

② 车六退一　将5进1

③ 车六平五　将5平6

④ 车五平四　将6平5

⑤ 车四进一

第61题

① 兵七进一　将4进1

② 马八退七　将4进1

③ 马七退五　将4退1

④ 炮一进五　士6进5

⑤ 车九进二

第62题

① 兵四平五　将5进1

② 兵三平四　将5退1

③ 兵四进一　将5进1

④ 车八进二　炮4退7

⑤ 马九进七

第63题

① 兵三进一　象9退7

② 兵三进一　将6退1

③ 车二进七　将6平5

④ 仕五进六　卒3平4

⑤ 车二平三

第64题

① 兵五进一　将5平6

② 兵五平四　将6平5

③ 兵四进一　将5平6

④ 马七进六　将6平5

⑤ 车七退一

第65题

① 炮八退四　士5退4

② 炮八平五　象5进3

③ 马六进五　象3退5

④ 马五进七　士6进5

⑤ 车九平六

第66题

① 炮九平二　卒7平8

② 炮二平三　将5平4

③ 马六进八　士5进4

④ 炮三平九　卒3平4

⑤ 炮九进五

第67题

① 兵七平六　将5退1

② 马五进四　将5平6

③ 马四进二　将6平5

④ 车九平五　士4进5

⑤ 车五进一

第68题

① 炮九平三　将5平4

② 马六进七　士5进4

③ 马七进八　将4进1

④ 炮三平九　卒2平3

⑤ 炮九进五

第69题

① 前车退一　将6退1

② 后车平四　士5进6

③ 车三进一　将6进1

④ 炮七平四　士6退5

⑤ 炮五平四

第70题

① 马二退四　将5退1

② 炮三平五　象5退7

③ 马四进六　将5进1

④ 车四进六　将5进1

⑤ 马六退五

第71题

① 炮五平六　炮2平4

② 马六进八　将4平5

③ 马八进七　炮4退4

④ 炮四平五　将5平4

⑤ 马七退六

第72题

① 马二进四　将5平6

② 马四进二　将6平5

③ 炮五进二　卒6进1

④ 马二退四　将5平6

⑤ 炮五平四

第73题

① 马八进七　将5进1

② 炮七平八　将5平4

③ 炮六退一　士6进5

④ 炮八退一　炮2进1

⑤ 炮八平六

第74题

① 马五退七　士5退6

② 马六进五　士6进5

③ 马五进七　士5退4

④ 后马进五　士4进5

⑤ 马五进三

第75题

① 兵三平四　士5进6

② 兵四进一　将6平5

③ 炮四平五　象5退7

④ 兵四平五　将5平4

⑤ 车八进四

第76题

① 车一平四　炮7平6

② 车四进二　士5进6

③ 车七平四　将6进1

④ 炮八平四　士6退5

⑤ 炮五平四

第77题

① 车三平五　将5平4

② 车五进二　将4进1

③ 马五退七　将4退1

④ 马七进八　将4进1

⑤ 马三退四

第78题

① 车二平六　将4平5

② 车六平五　将5平6

③ 马八退六　将6退1

④ 车五平四　士5进6

⑤ 车四进三

110

第79题

① 马五退四　马8退6

② 马四进二　马6退7

③ 马二进四　士5进6

④ 炮七进一　士4进5

⑤ 马四进三

第80题

① 马八进六　将5平4

② 马六退八　将4平5

③ 马八进七　将5平6

④ 车六平四　士5进6

⑤ 车四进一

第81题

① 炮七进四　士5进4

② 炮七进四　士6退5

③ 兵六平五　将6进1

④ 炮七退八　士4退5

⑤ 炮七平四

第82题

① 车九平四　将6平5

② 车四平五　将5平6

③ 马六退五　将6退1

④ 马五进三　将6进1

⑤ 车五平四

第83题

① 车三进一　象9退7

② 炮一进七　象7进5

③ 马二进四　将5平6

④ 炮二平四　炮8平6

⑤ 马四进三

第84题

① 车二进二　将6进1

② 车二退一　将6退1

③ 马一进三　将6平5

④ 车二进一　士5退6

⑤ 车二平四

第85题

① 炮九平六　士4退5

② 马四退六　士5进4

③ 马六进七　士4退5

④ 马七退五　将4进1

⑤ 马五退六

第86题

① 马六进七　士4退5

② 马七退五　将4进1

③ 马五退七　将4退1

④ 马七进八　将4进1

⑤ 马八退六

111

第87题

① 后车平五　士6进5

② 车五进一　将5平6

③ 车五平四　将6平5

④ 车六平五　将5平4

⑤ 车四进一

第88题

① 车三进九　士5退6

② 车四平六　将4平5

③ 车六进一　将5进1

④ 车三退一　将5进1

⑤ 车六退二

第89题

① 马三进四　士5退6

② 车七平六　将5退1

③ 车六进一　将5进1

④ 马五进三　将5平6

⑤ 车六退一

第90题

① 马六进四　士5进6

② 车一平四　士6进5

③ 车四进一　将5平4

④ 兵七进一　将4进1

⑤ 车四平五

第91题

① 炮八退二　士4退5

② 马三退四　将5平6

③ 马四退二　将6平5

④ 马二进三　将5平4

⑤ 车四平六

第92题

① 车四进七　炮5退1

② 马八退七　将4进1

③ 车四退一　炮5进1

④ 车四平五　将4进1

⑤ 兵五平六

第93题

① 马三进五　将6进1

② 马五进六　将6退1

③ 炮七进八　士4退5

④ 车五退一　将6进1

⑤ 车五退七

第94题

① 马一进二　将6平5

② 兵七平六　将5退1

③ 炮一进五　士6进5

④ 马二进三　士5退6

⑤ 马三退四

第 95 题

① 车八平六　将 5 进 1

② 车六退一　将 5 退 1

③ 车六平四　将 5 平 4

④ 车四进一　将 4 进 1

⑤ 马七退六

第 96 题

① 车一平四　将 5 进 1

② 车四退一　将 5 进 1

③ 车四退一　将 5 退 1

④ 车四进一　将 5 退 1

⑤ 车二进九

第 97 题

① 马六退五　将 6 退 1

② 马五进三　将 6 平 5

③ 马二进三　将 5 平 6

④ 前马退五　将 6 平 5

⑤ 马五进七

第 98 题

① 炮三退三　马 6 进 8

② 车一平二　士 5 进 6

③ 炮三进三　士 6 退 5

④ 马七退五　将 4 平 5

⑤ 马五进四

第 99 题

① 炮九进四　马 4 退 2

② 车五退一　将 6 退 1

③ 车五平四　将 6 平 5

④ 马九退七　将 5 平 4

⑤ 炮九进一

第 100 题

① 车五进四　将 4 退 1

② 炮一进九　象 7 进 9

③ 车五进一　将 4 进 1

④ 炮一退一　将 4 进 1

⑤ 车五退二

第 101 题

① 炮八进三　象 1 退 3

② 马一进三　将 6 进 1

③ 兵六平五　将 6 进 1

④ 炮八退二　炮 5 平 7

⑤ 车二平三

第 102 题

① 车六进二　炮 5 进 1

② 车一平四　将 6 退 1

③ 车六进一　炮 5 退 1

④ 车六平五　将 6 进 1

⑤ 车五平四

第 103 题

① 兵六进一　车 2 平 4

② 车六进四　将 5 平 4

③ 马五进七　将 4 平 5

④ 炮九平五　士 6 进 5

⑤ 车二平五

第 104 题

① 马五退七　将 4 退 1

② 车四平六　士 5 进 4

③ 车六进三　将 4 平 5

④ 马七进五　车 2 平 5

⑤ 马五进三

第 105 题

① 马四进三　将 5 退 1

② 马二退三　将 5 平 6

③ 后马退五　将 6 进 1

④ 马三退二　将 6 平 5

⑤ 炮六平五

第 106 题

① 马一进三　将 6 进 1

② 兵四进一　将 6 平 5

③ 炮九退二　象 3 进 1

④ 兵四平五　将 5 平 6

⑤ 兵五进一

第 107 题

① 马四退六　士 5 进 4

② 马六进五　将 4 平 5

③ 炮六平五　象 7 进 5

④ 马五进三　将 5 平 4

⑤ 马三进四

第 108 题

① 炮七平五　象 5 退 3

② 马八退六　将 5 退 1

③ 马六进七　将 5 进 1

④ 炮九进六　炮 2 退 6

⑤ 马七退五

第 109 题

① 车四进一　士 4 退 5

② 马八进七　将 4 进 1

③ 炮二退二　象 5 退 3

④ 车四退一　炮 5 退 4

⑤ 马九进七

第 110 题

① 马七进五　将 6 退 1

② 车一退一　炮 7 进 1

③ 车一平三　将 6 退 1

④ 车三进一　将 6 进 1

⑤ 车三平四

第 111 题

① 炮八平五　象 5 退 3

② 车八退一　将 5 退 1

③ 兵四平五　士 4 进 5

④ 兵五进一　将 5 平 4

⑤ 车八平六

第 112 题

① 车九进三　象 5 退 3

② 车九平七　将 4 进 1

③ 马六进七　马 4 退 6

④ 车七退一　将 4 退 1

⑤ 车七平五

第 113 题

① 车一平四　士 5 退 6

② 马五进七　将 4 进 1

③ 马七退六　将 4 退 1

④ 炮八平六　马 3 退 4

⑤ 马六进七

第 114 题

① 马三进二　将 6 平 5

② 马二退四　士 5 进 6

③ 兵五进一　士 4 进 5

④ 兵五进一　将 5 平 6

⑤ 车四进一

第 115 题

① 炮一平四　士 6 退 5

② 马六退四　士 5 进 6

③ 马四进三　士 6 退 5

④ 车五退一　炮 9 平 5

⑤ 马三退四

第 116 题

① 兵六进一　士 5 退 4

② 炮九进六　士 4 进 5

③ 马六进七　将 5 平 4

④ 马七退五　将 4 平 5

⑤ 马五进三

第 117 题

① 兵七平八　将 4 退 1

② 马七退八　将 4 进 1

③ 马八退七　将 4 退 1

④ 马七进八　将 4 退 1

⑤ 兵八进一

第 118 题

① 兵六平五　将 6 进 1

② 车四进四　将 6 平 5

③ 马五进三　象 5 退 3

④ 车四进一　将 5 退 1

⑤ 马三进五

第119题

① 兵七进一　将4退1

② 兵七进一　将4进1

③ 马五进七　将4进1

④ 马七进八　将4退1

⑤ 炮九退一

第120题

① 马一退三　将5平6

② 车七平四　士5进6

③ 车四进三　炮4平6

④ 马三退五　将6平5

⑤ 马五进七

第121题

① 炮五平六　马4进5

② 炮九平六　马5进4

③ 马七退五　将4退1

④ 车一退一　将4退1

⑤ 马五进六

第122题

① 车五进一　士6进5

② 马五进四　将5平6

③ 炮二平四　炮9平6

④ 马四进二　将6平5

⑤ 兵六进一

第123题

① 兵六平五　将5进1

② 车一进三　将5退1

③ 马八进六　将5平4

④ 马六进八　将4平5

⑤ 炮九进七

第124题

① 兵四平五　马7进5

② 炮五平六　马3退4

③ 马六退八　马4进5

④ 马八进七　马5退3

⑤ 车四平六

第125题

① 炮四平五　象5进3

② 车四退一　将5退1

③ 炮九进六　象3进1

④ 马八进七　炮1退8

⑤ 车四进一

第126题

① 炮八平四　士5进6

② 兵四进一　将6平5

③ 炮四平五　象3进5

④ 兵五进一　将5平4

⑤ 车三平六

第 127 题

① 兵六进一　士 5 进 4

② 马六进七　将 4 退 1

③ 炮二进五　象 7 进 9

④ 兵四进一　象 5 退 7

⑤ 兵四平三

第 128 题

① 马五进七　将 4 进 1

② 马七退六　炮 2 平 4

③ 马六进四　炮 4 平 3

④ 马四进六　将 4 进 1

⑤ 仕五进六

第 129 题

① 炮一进七　象 7 进 9

② 车三进六　将 6 进 1

③ 马四进三　将 6 进 1

④ 马三进二　将 6 退 1

⑤ 炮一退一

第 130 题

① 马三进二　将 6 平 5

② 车三进五　士 5 退 6

③ 炮八平五　炮 2 平 5

④ 马二退四　将 5 进 1

⑤ 车三退一

第 131 题

① 兵七进一　将 4 退 1

② 兵七进一　将 4 平 5

③ 兵四平五　士 6 进 5

④ 马二退三　士 5 退 6

⑤ 马四进六

第 132 题

① 马九退七　将 5 平 6

② 炮八平四　炮 6 平 7

③ 兵五平四　后炮平 6

④ 兵四进一　后车平 6

⑤ 兵四进一

第 133 题

① 兵七平六　将 4 平 5

② 马一退三　车 8 平 7

③ 兵六进一　将 5 平 4

④ 马九进八　将 4 平 5

⑤ 马八退六

第 134 题

① 马一进二　将 6 进 1

② 炮九退一　马 3 退 1

③ 马二退一　将 6 退 1

④ 马一进三　将 6 平 5

⑤ 马八进七

第 135 题

① 前炮进一　象 3 进 1
② 后炮平五　象 5 进 3
③ 马四退五　象 3 退 5
④ 马五进六　将 5 平 4
⑤ 马六进七

第 136 题

① 兵三平四　士 5 退 6
② 后炮平五　士 4 进 5
③ 车六进五　将 5 平 4
④ 马七进八　将 4 平 5
⑤ 炮九进五

第 137 题

① 兵五平六　士 5 进 4
② 兵六进一　将 4 平 5
③ 马二进三　将 5 进 1
④ 后马进四　将 5 平 6
⑤ 炮六平四

第 138 题

① 炮五平四　马 4 进 6
② 兵四进一　将 6 退 1
③ 兵四进一　将 6 平 5
④ 兵四平五　将 5 进 1
⑤ 炮二退一

第 139 题

① 前炮平六　马 3 退 4
② 兵六平五　马 4 进 5
③ 马八退六　将 4 进 1
④ 马三退五　将 4 退 1
⑤ 炮五平六

第 140 题

① 炮九进一　炮 2 退 5
② 炮七退八　马 6 退 4
③ 兵六进一　将 5 进 1
④ 炮九退一　炮 2 进 1
⑤ 兵七平八

第 141 题

① 炮一平四　将 6 平 5
② 马一进三　将 5 进 1
③ 炮四平五　象 5 退 7
④ 马三退五　将 5 平 4
⑤ 兵七平六

第 142 题

① 前马进五　士 4 进 5
② 马三退五　将 6 退 1
③ 炮一进三　将 6 退 1
④ 炮一进一　将 6 进 1
⑤ 兵二平三

第 143 题

① 前兵平七　象 5 退 3

② 兵七进一　将 4 进 1

③ 炮五平六　马 3 退 4

④ 马六进四　士 5 进 4

⑤ 兵八平七

第 144 题

① 马七退六　炮 5 平 4

② 马六进八　炮 4 平 2

③ 炮五平六　炮 2 平 4

④ 马八进六　车 6 平 4

⑤ 炮六进四

第 145 题

① 炮二进七　马 7 进 6

② 兵四平五　马 3 退 5

③ 车六进一　将 5 平 4

④ 兵七平六　将 4 平 5

⑤ 车八进五

第 146 题

① 炮二进五　士 5 退 6

② 车七进四　将 4 进 1

③ 炮二退一　士 6 进 5

④ 兵四平五　将 4 进 1

⑤ 车七平六

第 147 题

① 马二进三　炮 8 退 6

② 兵四平五　将 5 平 6

③ 兵五进一　将 6 平 5

④ 马三退四　将 5 进 1

⑤ 炮八进二

第 148 题

① 炮七退六　炮 2 进 2

② 兵四平五　将 5 平 4

③ 炮七平六　炮 2 平 4

④ 马六进八　炮 4 平 3

⑤ 马八进七

第 149 题

① 车九进五　将 4 进 1

② 炮一进五　士 5 退 6

③ 马二进四　象 7 进 5

④ 兵六进一　将 4 平 5

⑤ 车九退一

第 150 题

① 兵五平六　士 5 进 4

② 兵六进一　将 4 平 5

③ 马五进四　将 5 退 1

④ 马四进三　将 5 进 1

⑤ 炮二进六

第 151 题

① 马二进四　炮 5 平 6

② 马四退五　炮 6 平 5

③ 兵六进一　象 5 退 3

④ 马五进四　炮 5 平 6

⑤ 马四进二

第 152 题

① 炮一进七　象 7 进 9

② 兵三进一　将 6 进 1

③ 马四进三　将 6 进 1

④ 马三进二　将 6 退 1

⑤ 炮一退一

第 153 题

① 兵四进一　将 5 退 1

② 兵四进一　将 5 进 1

③ 马一退三　将 5 平 4

④ 车九平六　马 3 退 4

⑤ 兵七平六

第 154 题

① 马九进七　马 5 退 3

② 车二平六　士 5 进 4

③ 车六平八　士 4 退 5

④ 车八进四　将 4 进 1

⑤ 马七退五

第 155 题

① 车四进一　士 4 进 5

② 马五进七　将 4 进 1

③ 炮二进五　象 5 退 3

④ 车四退一　象 7 进 5

⑤ 车四平五

第 156 题

① 马八进七　将 5 平 6

② 兵三平四　将 6 进 1

③ 马一进三　将 6 退 1

④ 马三进二　将 6 进 1

⑤ 炮一进六

第 157 题

① 车五进二　将 4 进 1

② 炮五平六　士 4 退 5

③ 兵五平六　士 5 进 4

④ 车五退一　车 8 平 5

⑤ 兵六平五

第 158 题

① 马九进八　马 2 退 3

② 炮五平六　士 5 进 4

③ 马六进四　士 4 退 5

④ 兵七平六　士 5 进 4

⑤ 兵六进一

第 159 题

① 马七进六　士 6 进 5

② 马二退三　车 4 平 7

③ 马三退四　车 7 平 6

④ 马六退五　将 6 退 1

⑤ 炮八进一

第 160 题

① 兵六平五　将 5 平 4

② 炮二进五　象 7 进 9

③ 马三进四　象 9 退 7

④ 马四退六　象 7 进 9

⑤ 兵八平七

第 161 题

① 车四进九　将 5 平 6

② 炮一进五　将 6 进 1

③ 炮一退一　将 6 退 1

④ 马五进三　将 6 平 5

⑤ 炮一进一

第 162 题

① 车二进四　炮 6 退 1

② 车二进一　炮 6 进 1

③ 炮三退一　将 5 退 1

④ 马四退五　炮 6 退 2

⑤ 马五进七

第 163 题

① 炮二退四　士 5 退 6

② 炮一平五　将 5 平 4

③ 马三进四　将 4 进 1

④ 炮二进三　士 6 进 5

⑤ 炮五平六

第 164 题

① 兵四平五　将 5 平 6

② 马五进四　车 9 平 6

③ 马四进二　车 6 平 7

④ 炮九平四　马 7 进 6

⑤ 马二进四

第 165 题

① 炮八退一　炮 5 退 1

② 马九进七　炮 5 进 1

③ 马七退五　炮 5 平 1

④ 马五进七　将 6 退 1

⑤ 兵六平五

第 166 题

① 兵七平六　将 4 平 5

② 炮一平五　士 6 进 5

③ 兵六平五　士 4 退 5

④ 车一平五　将 5 平 4

⑤ 车九平六

第167题

① 马三进二　将6退1

② 炮一进六　象5退7

③ 车四进三　士5进6

④ 马二退三　将6进1

⑤ 马八进六

第168题

① 前车平六　士5进4

② 车九进八　将4退1

③ 车六进一　将4平5

④ 车六平五　士6进5

⑤ 车九进一

第169题

① 兵七平六　将4平5

② 马二进三　炮6进1

③ 兵六平五　将5平4

④ 炮二进四　炮6退1

⑤ 兵五进一

第170题

① 车三平四　将6平5

② 兵五进一　将5进1

③ 炮五退二　将5平4

④ 车四平六　马2进4

⑤ 马八进七

第171题

① 炮一平四　炮9平6

② 马四进五　炮6平5

③ 兵五平四　炮5平6

④ 兵三进一　将6进1

⑤ 马五退三

第172题

① 兵三进一　将6平5

② 兵三平四　士5退6

③ 马二退四　将5进1

④ 炮九进四　炮2退8

⑤ 兵七平八

第173题

① 炮一平五　象5进3

② 炮九进五　马3退4

③ 马三进五　士6进5

④ 兵六进一　将5平6

⑤ 炮五平四

第174题

① 兵五进一　将4平5

② 马九退七　将5平4

③ 马七退五　将4平5

④ 车九进七　车4退3

⑤ 车九平六

第 175 题

① 马八退六　将 6 平 5

② 马六退四　将 5 平 4

③ 车七进三　将 4 进 1

④ 车七退一　将 4 退 1

⑤ 炮八平六

第 176 题

① 炮九平六　炮 1 平 4

② 炮一进二　士 5 退 4

③ 马六进八　炮 4 平 3

④ 兵八平七　将 4 进 1

⑤ 车五平六

第 177 题

① 兵六进一　将 5 进 1

② 车六平五　将 5 平 4

③ 马七进五　将 4 退 1

④ 马五进七　将 4 进 1

⑤ 车五平六

第 178 题

① 车七平六　将 4 进 1

② 马三进四　将 4 退 1

③ 兵四平五　将 4 退 1

④ 马四进六　车 1 平 4

⑤ 马六进八

第 179 题

① 炮九平四　将 6 平 5

② 炮四平五　象 5 退 7

③ 马四进五　车 8 平 5

④ 马五进三　将 5 平 6

⑤ 兵二平三

第 180 题

① 兵四进一　将 5 平 6

② 车二进一　将 6 进 1

③ 兵三进一　将 6 平 5

④ 马五进七　将 5 平 4

⑤ 车二平六

第 181 题

① 炮六平五　炮 1 平 5

② 车四进五　炮 6 进 2

③ 马五进七　将 5 平 4

④ 马七进八　将 4 退 1

⑤ 兵四平五

第 182 题

① 炮二进一　车 5 退 1

② 车八进一　将 4 进 1

③ 兵四平五　士 6 进 5

④ 车八退一　将 4 进 1

⑤ 马七退五

第183题

① 炮一进六　士6进5

② 兵三进一　士5退6

③ 兵三平四　将5进1

④ 兵七平六　将5平6

⑤ 马三进二

第184题

① 兵三平四　将5平6

② 马二进三　将6平5

③ 车三退一　将5退1

④ 马三进五　士4进5

⑤ 车三进一

第185题

① 炮四平六　车4进1

② 炮二进五　士5退6

③ 车四进六　将4进1

④ 车四退一　将4进1

⑤ 马三退四

第186题

① 马三退五　将5退1

② 马五进七　将5平6

③ 车二进一　将6进1

④ 兵三平四　将6平5

⑤ 车二退一

第187题

① 车九进五　士5退4

② 炮八进七　士4进5

③ 炮八退六　士5退4

④ 炮八平五　士6进5

⑤ 兵六进一

第188题

① 马五进三　炮5平6

② 马八退六　将5平4

③ 马六进四　将4平5

④ 马四退六　将5平4

⑤ 马三退五

第189题

① 车六进一　将5平4

② 车四进五　车5退1

③ 车四平五　将4进1

④ 车五退一　车8平5

⑤ 炮五平六

第190题

① 炮二进二　士4进5

② 兵四平五　将4进1

③ 马九进八　车3退7

④ 车三平六　马2退4

⑤ 兵八平七

第191题

① 前炮进四　马3退2

② 后炮平五　象5进3

③ 马四退五　象7进5

④ 马五进七　士6进5

⑤ 兵六平五

第192题

① 兵四进一　将5平6

② 马一进二　将6平5

③ 炮一进五　士5退6

④ 车六进三　将5进1

⑤ 炮一退一

第193题

① 兵四进一　将5进1

② 车七进一　将5进1

③ 马六退四　将5平6

④ 马四进二　将6平5

⑤ 马二进三

第194题

① 炮八平五　象5退3

② 车六退一　将5退1

③ 兵六平五　士6进5

④ 兵五进一　将5平6

⑤ 马一进二

第195题

① 兵五进一　将4进1

② 马三进五　将4进1

③ 马五退七　将4退1

④ 马七进八　将4进1

⑤ 炮九进三

第196题

① 马七进八　将4平5

② 马八退六　将5平4

③ 后马进七　将4进1

④ 炮五平六　将4进1

⑤ 马七退六

第197题

① 兵三平四　车6退3

② 车二平四　将6平5

③ 前炮平五　士5退6

④ 马八进六　马2退4

⑤ 炮九平五

第198题

① 马八进六　炮2平4

② 车九平六　将4进1

③ 马六进八　炮4平3

④ 马八进七　将4退1

⑤ 马七退六

125

第 199 题

① 炮九进七　车 2 退 5

② 兵六平五　将 5 平 4

③ 炮二平六　炮 3 平 4

④ 马六退八　炮 4 平 3

⑤ 马八进七

第 200 题

① 炮九平五　马 7 退 5

② 兵四进一　将 5 平 4

③ 马五退七　将 4 进 1

④ 马七退五　将 4 退 1

⑤ 兵四平五

第二章　6 步杀

第 201 题

① 车五进二　将 5 平 4

② 炮五平六　炮 3 平 4

③ 马六进四　炮 4 平 5

④ 车五进一　将 4 进 1

⑤ 马七进六　车 2 平 4

⑥ 马六进八

第 202 题

① 前车平五　士 6 进 5

② 车一进六　士 5 退 6

③ 炮三进七　士 6 进 5

④ 炮三平七　士 5 退 6

⑤ 车一平四　将 5 平 6

⑥ 马七进六

第 203 题

① 马四进六　将 5 平 4

② 兵七进一　炮 2 进 2

③ 兵四进一　炮 2 平 5

④ 仕五进四　卒 7 平 6

⑤ 炮八进四　象 3 进 1

⑥ 马六进七

第 204 题

① 马四进六　将 5 平 4

② 炮三进四　士 6 进 5

③ 兵四进一　象 5 退 7

④ 兵四平五　将 4 进 1

⑤ 车九进五　炮 8 平 6

⑥ 车九平八

第 205 题

① 马三进四　将 5 平 6

② 马四进六　将 6 进 1

③ 马六退五　将 6 平 5

④ 马五进三　将 5 退 1

⑤ 车六平五　象 7 进 5

⑥车五进三

第206题

① 马三进四　将5进1

② 马四退六　将5退1

③ 车八平五　士4进5

④ 马六进七　将5平4

⑤ 车五平六　士5进4

⑥ 车六进三

第207题

① 兵四进一　将6平5

② 车二进二　将5退1

③ 兵四进一　将5平4

④ 兵四平五　象5退7

⑤ 车二平四　车2进7

⑥ 车四进一

第208题

① 车五进三　将4进1

② 马三进四　士6进5

③ 车五退一　士6退5

④ 马四退五　将4退1

⑤ 炮一进一　士5退6

⑥ 兵三平四

第209题

① 马二进四　将5进1

② 车七进四　车4退5

③ 炮四平五　将5平6

④ 车七平六　士4进5

⑤ 车六平五　将6退1

⑥ 炮五平四

第210题

① 马九退七　马1退3

② 车二平七　卒6进1

③ 帅五平四　车1平6

④ 帅四进一　马3退5

⑤ 车七进一　将4进1

⑥ 车七平六

第211题

① 马六进七　将5退1

② 炮五退六　前车退5

③ 车二平五　象7进5

④ 车五进二　士6进5

⑤ 车五进一　将5平6

⑥ 炮五平四

第212题

① 炮八进九　象5退3

② 车七平五　将5进1

③ 车六进三　将5进1

④ 马五进六　将5平6

⑤ 车六退一　象3进5

⑥ 车六平五

第213题

① 车三进二　士5退6

② 车四退一　士4进5

③ 车四进五　车4进3

④ 仕五退六　车3平5

⑤ 相七进五　炮6退2

⑥ 兵五进一

第214题

① 炮三进七　士6进5

② 兵四平五　后车平5

③ 前车平五　将5平6

④ 车一平四　车4平5

⑤ 仕四进五　炮5进4

⑥ 车四进二

第215题

① 车七进五　士5退4

② 车七平六　将5进1

③ 马六进四　将5平6

④ 后车进六　士6进5

⑤ 后车平五　将6进1

⑥ 车六平四

第216题

① 马一退三　将5平6

② 车六进四　将6进1

③ 车八平五　将6平5

④ 车六平五　将5平6

⑤ 马五退三　将6进1

⑥ 车五平四

第217题

① 车四退一　士4退5

② 车四平五　将4进1

③ 车五退一　将4退1

④ 车五平六　将4进1

⑤ 马二退四　将4退1

⑥ 炮一进八

第218题

① 车九进三　炮4退2

② 炮八进七　炮4进1

③ 车七进三　炮4退1

④ 车七退一　炮4进2

⑤ 炮八平四　炮4退2

⑥ 车七平五

第219题

① 车九进三　士5退4

② 炮七进七　士4进5

③ 炮七退三　士5退4

④ 车五进三　象7进5

⑤ 炮二平五　象5退3

⑥ 炮七平五

第220题

① 车五进一　将4平5

② 车一进四　将5进1

③ 马三进四　将5平6

④ 马四退二　将6退1

⑤ 马二退三　将6退1

⑥ 车一进一

第221题

① 兵四平五　将5进1

② 车六进四　将5退1

③ 车六进一　将5平4

④ 马三进五　将4平5

⑤ 马五进三　将5平4

⑥ 车八平六

第222题

① 车六进一　将5平4

② 车二平六　炮6平4

③ 车六进三　士5进4

④ 炮一平六　士4退5

⑤ 炮五平六　将4平5

⑥ 马八进七

第223题

① 马八进七　将5进1

② 马七退六　将5退1

③ 车八平五　士4进5

④ 马六进七　将5平4

⑤ 车二平六　士5进4

⑥ 车六进三

第224题

① 车四进七　士5退6

② 车八进二　将4进1

③ 车八退一　将4退1

④ 马五进七　将4平5

⑤ 车八进一　车4退8

⑥ 车八平六

第225题

① 车三进一　将6进1

② 车七平四　炮5平6

③ 车三退一　将6退1

④ 车四进三　士5退6

⑤ 车三进一　将6进1

⑥ 车三平四

第226题

① 车五平六　将4平5

② 马四进六　将5平4

③ 马六进八　将4平5

④ 车六进三　将5进1

⑤ 炮一进六　将5进1

⑥ 车六退二

第 227 题

① 车三平五　将 5 平 4

② 车五平六　将 4 平 5

③ 马二退四　车 3 进 3

④ 相五退七　士 6 退 5

⑤ 马四进三　将 5 平 6

⑥ 车六平四

第 228 题

① 兵三平四　将 6 进 1

② 车三平四　士 5 进 6

③ 车四进三　将 6 平 5

④ 车四平五　将 5 平 4

⑤ 马六进八　将 4 退 1

⑥ 车五平六

第 229 题

① 车一进三　士 5 退 6

② 车一平四　将 5 平 6

③ 马七进六　将 6 平 5

④ 马六退四　将 5 进 1

⑤ 车三进二　将 5 进 1

⑥ 炮二进五

第 230 题

① 车九平六　士 5 进 4

② 车六进一　将 4 平 5

③ 车五进一　将 5 平 6

④ 车六进一　士 6 进 5

⑤ 车五进一　将 6 退 1

⑥ 车六进一

第 231 题

① 马七进五　士 6 退 5

② 马五进三　将 5 平 6

③ 车六平四　士 5 进 6

④ 炮五平四　士 6 退 5

⑤ 兵三平四　士 5 进 6

⑥ 兵四进一

第 232 题

① 炮一进三　象 7 进 9

② 马五进三　将 6 进 1

③ 马三进二　象 9 退 7

④ 车三进二　将 6 退 1

⑤ 马二退三　象 7 进 9

⑥ 车三平五

第 233 题

① 兵五进一　士 6 进 5

② 兵四平五　将 5 平 6

③ 兵五进一　将 6 进 1

④ 炮九进四　马 4 退 2

⑤ 马六退五　将 6 进 1

⑥ 马五退三

130

第234题

① 炮八进四　将6进1

② 马四进三　士5退4

③ 兵三进一　将6进1

④ 炮八退二　士4退5

⑤ 炮九平七　车9平6

⑥ 炮七退二

第235题

① 车八平六　士5进4

② 马二进四　将4退1

③ 炮一进五　车8退6

④ 车六进二　将4平5

⑤ 兵四平五　将5进1

⑥ 马四退三

第236题

① 马三退五　将4退1

② 马八进七　将4平5

③ 前车平五　象7进5

④ 车五进一　将5平6

⑤ 马五进三　将6退1

⑥ 车二进五

第237题

① 炮八平四　象3进5

② 车七退一　将6进1

③ 马三退四　士5进6

④ 车七进二　将6退1

⑤ 马二进三　将6平5

⑥ 马四进六

第238题

① 炮二平五　炮5退5

② 车六平五　马7退5

③ 车二进二　将6进1

④ 炮八退二　象3进5

⑤ 马七进六　马5进3

⑥ 车二平四

第239题

① 马六进七　将4进1

② 马三进四　炮4平2

③ 炮八进二　炮5进1

④ 马七退五　将4进1

⑤ 马五进七　将4退1

⑥ 炮九退一

第240题

① 帅五平四　象5进7

② 车六进三　士5退4

③ 车二平四　将5进1

④ 车四退一　将5进1

⑤ 马八退七　将5平4

⑥ 车四平六

第241题

① 马二进三　将5平6

② 车一平四　士5进6

③ 车四进二　马4进6

④ 炮五平四　马6进5

⑤ 马六进四　马5退6

⑥ 马四进五

第242题

① 炮九退四　卒8平7

② 炮九平一　马4进5

③ 炮一平五　卒7进1

④ 帅五平四　卒7平6

⑤ 仕六退五　卒6进1

⑥ 帅四进一

第243题

① 炮五平七　士4进5

② 帅六平五　炮7进1

③ 炮七平四　炮7退2

④ 炮四平二　炮7平8

⑤ 炮二进一　炮8平7

⑥ 炮二进一

第244题

① 炮二进六　将4进1

② 炮四退一　将4退1

③ 炮四退一　将4进1

④ 炮二退六　将4退1

⑤ 炮二平六　象9退7

⑥ 炮四平六

第245题

① 马七进五　将6退1

② 马五进三　将6进1

③ 马三进二　将6进1

④ 炮七平一　炮8平9

⑤ 相一进三　前卒平5

⑥ 炮一进五

第246题

① 马一进三　炮5退2

② 马三退四　炮5进1

③ 炮二平四　马8退6

④ 帅五退一　马6退8

⑤ 炮四进二　马8退7

⑥ 炮四平六

第247题

① 帅五平四　马2退3

② 车六平二　象5退7

③ 车二进三　炮4退2

④ 车二退二　炮6退1

⑤ 兵五平四　将6平5

⑥ 车二平五

第248题

① 炮二进二　车6平7

② 车九退二　将4退1

③ 马三退五　士5进6

④ 车九进二　将4进1

⑤ 马五进四　卒6进1

⑥ 车九平六

第249题

① 兵六平五　士6进5

② 炮一进八　象7进9

③ 车三进一　士5退6

④ 马四进三　将5进1

⑤ 炮一退一　炮9退8

⑥ 炮二进八

第250题

① 马六进八　士5进4

② 车二退一　将6退1

③ 炮九进一　象5退3

④ 马八退七　象3进5

⑤ 前马进六　象5退3

⑥ 车二进一

第251题

① 马八进六　将5平6

② 炮五进三　士5进4

③ 炮五进二　士4退5

④ 马六进五　士5进4

⑤ 马五进四　士4退5

⑥ 马四退二

第252题

① 车八进一　将5退1

② 马九进七　将5平6

③ 马七退五　炮5退2

④ 车八平四　将6平5

⑤ 炮八进三　士4进5

⑥ 车四进一

第253题

① 车二平三　士5退6

② 车三平四　将5平6

③ 兵三平四　将6平5

④ 车八平五　士4进5

⑤ 炮八平五　士5退4

⑥ 炮九平五

第254题

① 车四进七　将5平6

② 马三进二　将6平5

③ 马二退四　将5平6

④ 炮一平四　炮5平6

⑤ 炮五平四　后车平6

⑥ 炮四进二

① 炮一进二　象 5 退 7
② 车九平五　将 5 进 1
③ 车四进二　将 5 进 1
④ 马八进七　将 5 平 4
⑤ 车四平六　马 2 进 4
⑥ 兵八平七

第 256 题

① 车七进一　炮 4 退 2
② 车七平六　将 5 平 4
③ 车四进一　将 4 进 1
④ 炮九平六　士 5 进 4
⑤ 车四退一　将 4 退 1
⑥ 马六进七

第 257 题

① 炮七进二　士 4 进 5
② 车四进三　将 5 平 6
③ 炮七退一　将 6 进 1
④ 兵二平三　将 6 进 1
⑤ 车九平四　士 5 退 6
⑥ 炮七退一

第 258 题

① 车七进一　将 4 进 1
② 马三进四　马 6 退 5
③ 车七退一　将 4 退 1

④ 马四退五　士 4 退 5
⑤ 车四平六　车 4 退 1
⑥ 炮四进八

第 259 题

① 马八进七　将 4 进 1
② 马七退五　将 4 退 1
③ 炮二平六　马 4 进 3
④ 炮一退一　士 6 退 5
⑤ 车二平六　后马退 4
⑥ 车六进一

第 260 题

① 车六进七　将 5 进 1
② 马四退六　将 5 进 1
③ 车六平五　士 6 进 5
④ 车五退一　车 6 平 5
⑤ 马六退四　将 5 平 6
⑥ 炮一平四

第 261 题

① 车三退一　士 6 进 5
② 马一进二　士 5 退 6
③ 马二退四　士 6 进 5
④ 车三进一　士 5 退 6
⑤ 马四退六　将 5 进 1
⑥ 车三退一

① 车二平五　士 4 进 5

② 车三退一　象 5 退 7

③ 车三平五　将 5 平 4

④ 车五进一　将 4 进 1

⑤ 兵七进一　将 4 进 1

⑥ 车五平六

第 263 题

① 前车进二　象 9 退 7

② 马三进二　炮 1 平 8

③ 车三进九　将 6 进 1

④ 车三退一　将 6 退 1

⑤ 炮一进四　马 8 进 6

⑥ 车三进一

第 264 题

① 马三进四　士 4 退 5

② 车八平六　将 4 平 5

③ 马四进二　炮 6 退 3

④ 马二退三　炮 6 进 2

⑤ 车六进九　将 5 平 4

⑥ 马三进四

第 265 题

① 炮二进四　马 6 退 8

② 炮九进三　车 4 退 3

③ 炮二平六　将 5 退 1

④ 炮六退二　将 5 平 4

⑤ 车一平六　将 4 平 5

⑥ 车六退一

第 266 题

① 炮三平五　车 5 进 1

② 车一平五　车 5 退 2

③ 炮一进三　士 6 进 5

④ 车三进五　士 5 退 6

⑤ 兵六平五　将 5 进 1

⑥ 车三退一

第 267 题

① 马三进五　士 5 退 6

② 马五退四　士 6 进 5

③ 兵七平六　后马退 4

④ 马四进五　士 5 退 6

⑤ 马五退六　士 6 进 5

⑥ 马六进八

第 268 题

① 车九平六　将 4 进 1

② 马三退四　将 4 平 5

③ 马四退六　将 5 平 4

④ 炮七平六　车 2 平 4

⑤ 马六进四　将 4 平 5

⑥ 马四进三

第 269 题

① 兵六进一　将 4 平 5

② 兵六进一　将 5 平 6

③ 兵三平四　将 6 进 1

④ 马二进三　将 6 退 1

⑤ 马三进二　将 6 进 1

⑥ 炮一进七

第 270 题

① 车八进一　将 6 进 1

② 马五退三　将 6 进 1

③ 马三退五　将 6 退 1

④ 炮七进四　士 5 退 4

⑤ 马五进六　将 6 进 1

⑥ 炮七退一

第 271 题

① 炮九平六　炮 4 进 5

② 马七退六　士 5 进 4

③ 马六进四　士 4 退 5

④ 马四进六　将 4 进 1

⑤ 炮六退三　炮 4 平 5

⑥ 仕五进六

第 272 题

① 车八进三　将 4 进 1

② 车八退一　将 4 退 1

③ 炮二退一　士 5 进 6

④ 马二进三　士 6 进 5

⑤ 车八平六　将 4 进 1

⑥ 马三退四

第 273 题

① 马八进六　将 5 平 4

② 前马进八　将 4 平 5

③ 马六进七　将 5 平 4

④ 马七退五　将 4 进 1

⑤ 马五进四　马 7 退 6

⑥ 炮三进四

第 274 题

① 炮二进七　将 5 进 1

② 车四退二　将 5 平 6

③ 后兵进一　将 6 平 5

④ 炮一退二　马 7 退 6

⑤ 后兵平四　将 5 平 6

⑥ 炮二退一

第 275 题

① 前兵平四　将 5 平 6

② 车二进四　将 6 进 1

③ 兵三进一　将 6 平 5

④ 炮一退二　马 7 退 6

⑤ 兵三平四　将 5 平 6

⑥ 炮二进六

第276题

① 马六进四　车1进1

② 车三平四　将4平5

③ 车四进一　将5进1

④ 车四平五　将5平6

⑤ 炮六平四　将6进1

⑥ 兵三平四

第277题

① 车九平六　将4平5

② 车六平五　将5进1

③ 车四进五　将5退1

④ 车四进一　将5进1

⑤ 车四退一　将5退1

⑥ 炮二进三

第278题

① 车四进四　将6平5

② 马七进六　车3进2

③ 车四平五　将5平4

④ 车五平六　将4平5

⑤ 车二平五　将5平6

⑥ 车六进一

第279题

① 前炮平六　象3进5

② 前兵平六　将4平5

③ 马二进四　将5平6

④ 马四进二　将6平5

⑤ 兵六平五　将5平4

⑥ 炮五平六

第280题

① 车二平四　士5进6

② 马一进二　将6平5

③ 马二退四　将5进1

④ 炮一平五　象5退3

⑤ 马四进三　将5退1

⑥ 炮二进四

第281题

① 炮九平五　士5进6

② 马八进六　将5进1

③ 马六退五　象3进5

④ 马五进四　象5退3

⑤ 马四退六　将5退1

⑥ 车四进五

第282题

① 前炮进一　士5退6

② 兵四进一　将5平4

③ 兵四平三　马9退8

④ 兵三平二　将4进1

⑤ 马三退五　将4平5

⑥ 后炮平五

137

第283题

① 车八退一　士6进5

② 马二退三　将6退1

③ 车八进一　士5退4

④ 车八退三　士4进5

⑤ 车八平四　将6平5

⑥ 炮八进七

第284题

① 兵四进一　炮1平6

② 炮一进七　炮6进2

③ 马三进二　炮6退2

④ 马二退四　炮6进9

⑤ 马四进二　炮6退9

⑥ 马二退四

第285题

① 马七进六　将5平6

② 炮七进七　将6进1

③ 兵五进一　将6进1

④ 炮九退二　马2退3

⑤ 马六退五　马3进5

⑥ 炮七退二

第286题

① 炮一进七　马5退7

② 炮六平五　象5进7

③ 车六平五　马3进5

④ 车五进三　象7退5

⑤ 车五进一　士4进5

⑥ 车四进六

第287题

① 兵七平六　将4退1

② 兵六进一　将4平5

③ 兵六进一　将5平6

④ 车六平四　士5进6

⑤ 车四进四　车9平6

⑥ 兵六平五

第288题

① 兵六平五　马7退5

② 马四进六　将5平4

③ 马六进四　马3进4

④ 炮三进一　将4进1

⑤ 马四退五　将4进1

⑥ 炮三退二

第289题

① 车七进五　士5退4

② 马二进四　车8平6

③ 马九退七　将5进1

④ 炮三平五　象5退3

⑤ 马七退五　将5进1

⑥ 马四退五

第290题

① 车二进一　士5退6

② 马二进三　炮6退1

③ 车二平四　将5平6

④ 车七平四　将6平5

⑤ 车四退四　将5进1

⑥ 炮一进五

第291题

① 车八进五　象5退3

② 车八平七　士5退4

③ 车七平六　将5进1

④ 车六退一　将5退1

⑤ 马二进四　将5平6

⑥ 炮六平四

第292题

① 车八进七　将5进1

② 兵三平四　将5平4

③ 车八退一　将4退1

④ 马三进五　士6进5

⑤ 车八进一　将4进1

⑥ 兵四平五

第293题

① 车二进九　士5退6

② 车二平四　将5平6

③ 车三进九　将6进1

④ 马四进二　将6平5

⑤ 车三退一　将5退1

⑥ 马二进三

第294题

① 兵四平五　将5平4

② 兵五进一　将4进1

③ 炮二进一　士6进5

④ 前兵进一　将4进1

⑤ 兵六进一　将4退1

⑥ 兵六进一

第295题

① 兵六平五　士4进5

② 炮七退一　士5进4

③ 马七进六　士4退5

④ 马六退五　将6退1

⑤ 车八进五　士5退4

⑥ 车八平六

第296题

① 兵六平五　将5平6

② 炮二平四　炮8平6

③ 马四退三　炮9平6

④ 兵五平四　将6平5

⑤ 兵四进一　将5进1

⑥ 车七进二

139

第297题

① 马九退七　将5平4

② 马七退六　将4进1

③ 炮五平六　士5进4

④ 马六退四　士4退5

⑤ 马八退六　将4进1

⑥ 马四进六

第298题

① 马三进二　将6平5

② 马四进三　将5平6

③ 马三退五　将6平5

④ 马五进三　将5平6

⑤ 马三退四　将6平5

⑥ 马四进六

第299题

① 炮一平四　炮6进5

② 炮四退五　炮6平5

③ 马六退四　炮5平6

④ 马四进五　炮6平5

⑤ 马五退三　将6进1

⑥ 车五退二

第300题

① 炮八进五　士4进5

② 炮八退二　士5退4

③ 兵六进一　将5平6

④ 兵六平五　将6进1

⑤ 车九退一　炮4退5

⑥ 车九平六

第301题

① 车三进三　士5退6

② 马四进六　将5进1

③ 车三退一　后马进6

④ 车三平四　马8退6

⑤ 后马进四　将5平4

⑥ 炮七平六

第302题

① 车四进一　将4进1

② 炮五平六　士4退5

③ 马七进六　士5进4

④ 马六进五　士4退5

⑤ 马五退七　将4进1

⑥ 马三退四

第303题

① 车八平六　士5进4

② 车六进一　将4平5

③ 车六进一　将5平4

④ 车七平六　将4平5

⑤ 马九进七　将5退1

⑥ 车六进五

140

① 马一进三　将 6 退 1

② 车九平六　马 6 退 5

③ 马三进二　将 6 进 1

④ 炮一退一　马 5 进 7

⑤ 马二退三　将 6 进 1

⑥ 车六平四

第 305 题

① 马九进七　将 4 退 1

② 炮二进六　象 5 退 7

③ 马七进八　将 4 平 5

④ 马八退六　将 5 平 4

⑤ 马六退四　士 5 进 4

⑥ 车六进一

第 306 题

① 马一进二　将 6 平 5

② 马二退三　将 5 平 6

③ 马三退五　将 6 退 1

④ 马七进五　将 6 进 1

⑤ 前马退三　将 6 退 1

⑥ 马三进二

第 307 题

① 炮八退一　士 4 进 5

② 兵七进一　士 5 退 4

③ 炮九进五　将 6 退 1

④ 车四进三　将 6 平 5

⑤ 车四平五　士 4 进 5

⑥ 炮九进一

第 308 题

① 兵五进一　将 5 平 6

② 炮二平四　炮 5 平 6

③ 前炮平九　炮 6 平 5

④ 兵五平四　将 6 平 5

⑤ 马八进六　将 5 平 4

⑥ 炮九平六

第 309 题

① 马七进八　象 5 退 3

② 马八退九　象 3 进 1

③ 炮七进七　炮 2 退 9

④ 炮七退四　炮 2 进 2

⑤ 炮七平四　炮 2 平 6

⑥ 兵四进一

第 310 题

① 马四进六　士 5 进 4

② 炮九进五　象 3 进 1

③ 马六进八　将 4 平 5

④ 马八进七　车 2 退 3

⑤ 马七退六　将 5 进 1

⑥ 车二进三

第311题

① 兵三平四　将6平5

② 兵四平五　士4进5

③ 车九平五　将5平4

④ 炮四平六　炮4平2

⑤ 兵七平六　炮2平4

⑥ 兵六进一

第312题

① 兵五平四　将6进1

② 马五进三　将6平5

③ 炮七平五　象5退3

④ 车九进三　车2进1

⑤ 车九平八　将5退1

⑥ 炮九进五

第313题

① 车七进五　士5退4

② 兵四平五　士6进5

③ 车七退三　象5退3

④ 马一退三　将5平6

⑤ 车七平四　士5进6

⑥ 车四进一

第314题

① 马三进二　将6进1

② 车三退二　将6退1

③ 车三退一　将6进1

④ 马二进三　将6退1

⑤ 车三平四　士5进6

⑥ 车四进一

第315题

① 马四进六　将5平4

② 马六进八　将4平5

③ 车五进四　将5平6

④ 车五进一　将6进1

⑤ 炮九进四　将6进1

⑥ 车五平四

第316题

① 炮五平六　车1平4

② 炮九进七　将4进1

③ 马六进八　车4平1

④ 马八退七　将4进1

⑤ 兵七平六　车1平4

⑥ 兵六进一

第317题

① 车二平四　将4进1

② 炮九进二　车2退6

③ 车四退一　将4退1

④ 马七退五　车2平5

⑤ 车四进一　将4进1

⑥ 马五进七

142

第318题

① 兵七平六　　将4进1

② 炮二平六　　马5退4

③ 兵六平五　　士5进4

④ 车三平六　　将4平5

⑤ 炮六平五　　马4退5

⑥ 兵五进一

第319题

① 炮九进五　　士5退4

② 兵七平六　　象5退3

③ 兵六平七　　将6进1

④ 马一进二　　将6进1

⑤ 车三进七　　将6退1

⑥ 车三平六

第320题

① 马五进七　　将5进1

② 马七退六　　将5退1

③ 车四平五　　象7进5

④ 车五退二　　士4进5

⑤ 马六进七　　将5平4

⑥ 车五平六

第321题

① 车二退四　　象5进3

② 车二平六　　将4平5

③ 车六平五　　将5平6

④ 马八退六　　将6退1

⑤ 车五平四　　士5进6

⑥ 车四进四

第322题

① 车四平五　　士4进5

② 炮九进一　　士5退4

③ 车六进四　　将5进1

④ 车六平五　　将5平6

⑤ 炮九退一　　将6进1

⑥ 马一进三

第323题

① 车八进六　　象5退3

② 车八平七　　将4进1

③ 炮一进五　　炮6退1

④ 车七退一　　将4退1

⑤ 车二平四　　士5退6

⑥ 车七进一

第324题

① 车七进四　　士6退5

② 车七平五　　将6平5

③ 马八退六　　将5平4

④ 马六进七　　将4进1

⑤ 马七退八　　将4退1

⑥ 炮七进五

第 325 题

① 车七进五　士 5 退 4
② 车七退一　士 4 进 5
③ 车八进三　士 5 退 4
④ 车七平五　士 6 进 5
⑤ 车八退一　象 5 退 3
⑥ 车八平五

第 326 题

① 炮二进七　士 5 退 6
② 车四进一　将 5 进 1
③ 车四平五　将 5 平 4
④ 马五进七　将 4 进 1
⑤ 车五平六　马 2 退 4
⑥ 车六退一

第 327 题

① 炮四退六　象 7 进 9
② 车二进九　将 4 进 1
③ 兵七平六　将 4 平 5
④ 兵六平五　将 5 平 4
⑤ 车二退一　将 4 退 1
⑥ 炮四进六

第 328 题

① 兵六进一　士 6 退 5
② 马四进三　将 6 退 1
③ 炮八进一　士 5 退 4

④ 马三进五　将 6 平 5
⑤ 马五进三　将 5 平 6
⑥ 车八平四

第 329 题

① 车六进三　将 4 平 5
② 车三进四　将 5 退 1
③ 车三进一　将 5 进 1
④ 车三退一　将 5 退 1
⑤ 车六平五　士 6 退 5
⑥ 车三进一

第 330 题

① 车八进四　象 5 退 3
② 车八平七　将 4 进 1
③ 马五进七　将 4 进 1
④ 车七退二　将 4 退 1
⑤ 车七平八　将 4 退 1
⑥ 车八进二

第 331 题

① 车七进三　士 5 退 4
② 车七退一　士 4 进 5
③ 车八进一　象 1 退 3
④ 车八平七　士 5 退 4
⑤ 后车平五　士 6 进 5
⑥ 车七退一

第 332 题

① 马五进七　将 5 平 4

② 马七退六　将 4 平 5

③ 车四平五　士 6 进 5

④ 马六进七　将 5 平 4

⑤ 马七退五　将 4 平 5

⑥ 马五进三

第 333 题

① 兵五进一　将 4 退 1

② 兵五进一　将 4 进 1

③ 兵四平五　将 4 进 1

④ 马一进三　炮 6 退 4

⑤ 马三退二　象 3 进 5

⑥ 马二进四

第 334 题

① 炮九平五　将 5 平 4

② 炮二进五　士 6 进 5

③ 兵四进一　象 5 退 7

④ 兵四平五　将 4 进 1

⑤ 兵八平七　将 4 进 1

⑥ 马三退五

第 335 题

① 马七退六　将 5 平 4

② 马六进四　将 4 平 5

③ 车八退一　士 5 进 4

④ 马四退六　将 5 退 1

⑤ 车八进一　将 5 退 1

⑥ 炮二进六

第 336 题

① 马五进三　将 6 平 5

② 炮九平五　象 5 进 3

③ 炮五退三　象 7 进 5

④ 相五进三　象 5 退 7

⑤ 车七平五　象 7 进 5

⑥ 车五进五

第 337 题

① 车五进三　将 6 进 1

② 马四进五　车 2 平 5

③ 炮七进二　士 6 退 5

④ 兵六平五　将 6 进 1

⑤ 车五平四　车 7 平 6

⑥ 马五退三

第 338 题

① 兵四进一　将 6 平 5

② 车八进五　士 5 退 4

③ 兵四进一　将 5 进 1

④ 马九进七　将 5 进 1

⑤ 马七退六　将 5 退 1

⑥ 车八退一

第 339 题

① 炮九平五　士 4 进 5

② 兵六进一　将 5 平 4

③ 马七进八　将 4 进 1

④ 炮五平六　炮 4 平 3

⑤ 马八退六　将 4 进 1

⑥ 车四平六

第 340 题

① 炮九平四　炮 3 平 6

② 马四进二　士 5 进 6

③ 马七退五　将 6 平 5

④ 炮八平五　象 7 进 5

⑤ 马五进七　将 5 平 6

⑥ 马七进六

第 341 题

① 马七进六　象 5 退 3

② 马六退五　象 3 进 1

③ 炮七进五　将 6 进 1

④ 兵二平三　将 6 进 1

⑤ 炮八退二　士 5 进 4

⑥ 马一进二

第 342 题

① 马三进五　将 6 平 5

② 马五进七　将 5 平 6

③ 车九平四　车 6 退 3

④ 炮九进九　象 3 进 1

⑤ 车八进三　象 1 退 3

⑥ 车八平七

第 343 题

① 炮二进九　象 7 进 9

② 马五进四　炮 9 平 6

③ 马四进三　马 7 进 6

④ 兵五平四　将 6 平 5

⑤ 兵四进一　将 5 进 1

⑥ 炮二退一

第 344 题

① 车七平六　将 4 进 1

② 车八进三　将 4 退 1

③ 车八平六　将 4 进 1

④ 马九进七　将 4 退 1

⑤ 马七进八　将 4 进 1

⑥ 炮九进六

第 345 题

① 车八进二　将 4 进 1

② 车八退一　将 4 退 1

③ 车四进一　士 5 退 6

④ 马九进七　将 4 平 5

⑤ 车八进一　炮 4 退 5

⑥ 车八平六

第 346 题

① 车三进二　士 4 退 5

② 车三进一　士 5 进 6

③ 车三退一　士 6 退 5

④ 马八退七　将 4 进 1

⑤ 车三退一　士 5 进 6

⑥ 车三平四

第 347 题

① 车二退一　将 6 进 1

② 马五退四　车 2 平 6

③ 车二退一　将 6 退 1

④ 马四进三　将 6 退 1

⑤ 车二进二　象 5 退 7

⑥ 车二平三

第 348 题

① 马六进四　将 5 平 6

② 兵三进一　将 6 进 1

③ 马四进二　将 6 平 5

④ 车四平五　将 5 平 6

⑤ 马二退三　将 6 进 1

⑥ 车五进一

第 349 题

① 车一平五　士 4 进 5

② 车八平七　士 5 退 4

③ 马四进三　将 5 平 6

④ 车七平六　将 6 进 1

⑤ 炮一进六　将 6 进 1

⑥ 车六平四

第 350 题

① 后马进六　将 5 进 1

② 马六进七　将 5 退 1

③ 炮九进九　车 2 退 8

④ 前马退六　将 5 进 1

⑤ 马六退四　将 5 平 4

⑥ 车四平六

第 351 题

① 马八进七　车 2 退 8

② 马七退五　车 2 进 1

③ 车五平四　将 6 平 5

④ 马五进七　车 2 退 1

⑤ 马七退六　将 5 进 1

⑥ 车四退二

第 352 题

① 炮八进六　象 3 进 1

② 炮八退一　象 5 退 3

③ 兵四平五　将 5 进 1

④ 马五进六　将 5 平 4

⑤ 马六进七　将 4 退 1

⑥ 车九平七

第353题

① 马三进四　炮2平6

② 马四进六　车4平6

③ 炮八进七　象3进1

④ 马七进六　象1退3

⑤ 兵五平四　将6平5

⑥ 后马进七

第354题

① 兵六进一　将4平5

② 兵六平五　将5平4

③ 马七退六　马3退4

④ 兵五平六　将4进1

⑤ 马六进八　马4退3

⑥ 炮九平六

第355题

① 马六退四　将5平6

② 马四进二　将6平5

③ 车九进七　将5退1

④ 炮一进五　士6进5

⑤ 马二进三　炮8退4

⑥ 马三退四

第356题

① 马七进五　将4退1

② 马五进四　将4进1

③ 炮一进四　车7退8

④ 马四退五　将4退1

⑤ 车二平三　车7退1

⑥ 马五进四

第357题

① 兵二平三　将6平5

② 马八进六　将5平4

③ 炮九平六　马3进4

④ 马六进七　将4平5

⑤ 马七退六　将5进1

⑥ 车八退一

第358题

① 车五进一　将6平5

② 后炮平五　将5平6

③ 炮八平四　车6进1

④ 车八进九　将6进1

⑤ 兵六平五　将6进1

⑥ 车八平四

第359题

① 炮九进三　车2退5

② 车二进九　象5退7

③ 兵三进一　象9退7

④ 车二平三　将6进1

⑤ 兵六平五　士4进5

⑥ 车三退一

第 360 题

① 炮九平五　象 5 退 3

② 车一进七　将 5 退 1

③ 马七进五　士 6 进 5

④ 车一平五　将 5 平 4

⑤ 车五进一　将 4 进 1

⑥ 车五平六

第 361 题

① 炮一平五　炮 4 平 5

② 车四平五　将 5 平 4

③ 马二进四　将 4 退 1

④ 车五进二　将 4 进 1

⑤ 车五平八　将 4 进 1

⑥ 车八平六

第 362 题

① 车八退二　将 5 退 1

② 兵三平四　将 5 退 1

③ 炮九进一　象 3 进 5

④ 兵四进一　将 5 平 4

⑤ 车八进二　象 1 退 3

⑥ 车八平七

第 363 题

① 马四进五　象 5 退 7

② 车九进六　将 4 进 1

③ 兵八平七　炮 5 平 3

④ 炮八进五　炮 3 退 1

⑤ 马五退七　将 4 进 1

⑥ 车九退二

第 364 题

① 炮二进五　将 5 进 1

② 炮二退一　将 5 退 1

③ 炮三平五　象 5 退 7

④ 车一平五　象 3 进 5

⑤ 车五平四　士 6 进 5

⑥ 车四进三

第 365 题

① 车四进八　将 5 平 6

② 兵三平四　将 6 平 5

③ 兵四平五　将 5 平 6

④ 兵五平四　将 6 平 5

⑤ 马六进七　将 5 平 4

⑥ 车九平六

第 366 题

① 车四平六　将 4 平 5

② 马六进四　将 5 平 6

③ 车六平四　将 6 平 5

④ 车四进二　将 5 平 4

⑤ 车四退一　象 7 进 5

⑥ 车四平五

第367题

① 兵四平五　士6进5

② 车七平五　将5平6

③ 车五进一　将6进1

④ 马四进五　将6进1

⑤ 马五进三　将6退1

⑥ 车五平四

第368题

① 炮一平五　马6进5

② 兵六进一　将5平4

③ 马九进八　将4平5

④ 马八退六　将5平4

⑤ 炮九平六　马5进4

⑥ 马六进八

第369题

① 炮二进七　象5退7

② 炮六平五　士5进4

③ 马四进六　将5进1

④ 马六退五　炮9平5

⑤ 车六进四　将5退1

⑥ 马五进四

第370题

① 马一退三　将5平4

② 炮一平六　马6进4

③ 兵六进一　将4进1

④ 车一平六　将4平5

⑤ 炮六平五　象5退3

⑥ 马三退五

第371题

① 炮三平六　士4退5

② 马八进六　士5进4

③ 马六进七　士4退5

④ 兵四平五　士6退5

⑤ 车二平六　将4进1

⑥ 马七退六

第372题

① 炮九进一　象5退3

② 兵四平五　将5进1

③ 炮八平五　象3进5

④ 炮九退一　将5退1

⑤ 马八退六　将5进1

⑥ 兵七进一

第373题

① 炮三进七　士6进5

② 兵六进一　士5退4

③ 炮三平六　将5进1

④ 车二平五　将5退1

⑤ 炮六平九　将5进1

⑥ 后炮进六

第 374 题

① 马九进八　将 4 进 1

② 马八退七　将 4 退 1

③ 马七进五　士 6 进 5

④ 车八平七　将 4 进 1

⑤ 兵四平五　将 4 进 1

⑥ 车七退二

第 375 题

① 炮九进一　象 3 进 1

② 车八进二　象 5 退 3

③ 车八退三　炮 1 退 6

④ 兵四进一　士 5 退 6

⑤ 马二进三　将 5 平 4

⑥ 车八平六

第 376 题

① 马四退五　炮 6 平 7

② 车九平四　士 5 进 6

③ 车四进一　将 6 平 5

④ 马五进六　将 5 退 1

⑤ 车四进二　将 5 平 6

⑥ 马六进四

第 377 题

① 马七进五　士 5 退 4

② 马五退四　将 6 进 1

③ 马二进三　将 6 进 1

④ 炮八退二　象 7 进 5

⑤ 兵七进一　象 5 退 3

⑥ 炮五进三

第 378 题

① 车五平六　将 4 平 5

② 马七退六　将 5 退 1

③ 车六平五　象 3 进 5

④ 马六进七　将 5 进 1

⑤ 马七退五　炮 2 进 1

⑥ 马五进七

第 379 题

① 马二退三　将 5 平 4

② 马三进四　将 4 平 5

③ 马六进八　将 5 退 1

④ 马四退五　士 4 进 5

⑤ 炮九进一　象 3 进 5

⑥ 马八进六

第 380 题

① 车二进一　士 5 退 6

② 车二平四　将 5 进 1

③ 炮四平五　象 5 进 3

④ 马四退五　象 3 退 5

⑤ 马五进七　将 5 平 4

⑥ 车四平六

第381题

① 马四进二　将6平5

② 车二退一　士5进6

③ 马二退四　将5退1

④ 车二进一　将5退1

⑤ 炮八进九　象3进1

⑥ 马九进七

第382题

① 兵六进一　将4平5

② 车九退一　将5退1

③ 马八进七　将5进1

④ 马七退六　将5退1

⑤ 马六进四　将5平4

⑥ 车九平六

第383题

① 马九进七　将4平5

② 兵五进一　象3进5

③ 车四进二　将5退1

④ 炮二平五　象5退3

⑤ 马七进五　士6进5

⑥ 车四进一

第384题

① 车九退一　马4进2

② 马九进七　将4平5

③ 兵四进一　将5退1

④ 兵四进一　将5平4

⑤ 车九进一　象5退3

⑥ 车九平七

第385题

① 兵七进一　将4进1

② 马七退五　将4平5

③ 马三进四　将5退1

④ 炮九退一　炮2退8

⑤ 兵七平八　将5退1

⑥ 马五进六

第386题

① 车四进一　将5进1

② 马六退四　将5进1

③ 车四平五　士4进5

④ 车五退一　车4平5

⑤ 马四退六　将5平4

⑥ 炮二平六

第387题

① 炮八进二　马5进3

② 马三进二　将6退1

③ 炮八进一　马3退5

④ 兵七进一　马5退3

⑤ 马二退三　将6平5

⑥ 车五进四

① 车二进三　士5退6

② 车二平四　将5进1

③ 车四退一　将5平6

④ 车六平四　将6平5

⑤ 车四进五　将5退1

⑥ 车四平六

第389题

① 炮九进六　炮2退9

② 前兵平五　将6进1

③ 马一进三　将6进1

④ 马三退五　将6退1

⑤ 炮九退一　炮2进1

⑥ 兵六平五

第390题

① 马四进三　炮8平7

② 车三退一　将6退1

③ 马三进五　士4进5

④ 车三进一　将6进1

⑤ 兵六平五　将6进1

⑥ 车三退二

第391题

① 炮八进九　将6进1

② 兵二平三　将6进1

③ 炮八退二　象5退7

④ 马五进七　象7进5

⑤ 马七退六　象5退7

⑥ 马六进五

第392题

① 车二进五　将6进1

② 马三退四　马7进6

③ 兵六平五　将6平5

④ 马四进六　马6退4

⑤ 车二退一　将5退1

⑥ 马六进四

第393题

① 炮九平四　士5进6

② 马四进二　士6退5

③ 马二进三　炮8退8

④ 兵三平四　将6平5

⑤ 兵四平五　马7退5

⑥ 马三退四

第394题

① 车九进二　马4退2

② 车九平八　炮3退3

③ 车八平七　士5退4

④ 车七平六　将6进1

⑤ 车三进六　将6进1

⑥ 车六平四

第 395 题

① 兵六平五　士 4 进 5

② 车三退一　将 6 退 1

③ 车八进五　马 3 退 2

④ 车三进一　将 6 进 1

⑤ 炮七进四　马 2 进 4

⑥ 车三平四

第 396 题

① 车八平四　士 5 进 6

② 马一进三　将 6 退 1

③ 马三进二　将 6 平 5

④ 马二退四　将 5 平 6

⑤ 马四退二　将 6 平 5

⑥ 马二进三

第 397 题

① 炮九平五　象 5 退 3

② 马六进七　将 5 进 1

③ 马一进三　将 5 平 4

④ 马三进四　将 4 平 5

⑤ 马七退六　将 5 退 1

⑥ 马四退五

第 398 题

① 车二退一　士 5 进 6

② 车二平四　将 4 退 1

③ 马四进六　马 6 进 4

④ 马六进七　马 4 退 3

⑤ 车四平六　将 4 平 5

⑥ 炮八进六

第 399 题

① 炮七平六　将 4 平 5

② 车八退一　将 5 退 1

③ 马九退七　将 5 进 1

④ 马七退八　将 5 退 1

⑤ 马八进六　将 5 平 6

⑥ 车八平四

第 400 题

① 车二平四　士 5 进 6

② 车四进三　将 6 平 5

③ 炮四平五　象 5 退 7

④ 兵六平七　将 5 进 1

⑤ 车四进一　将 5 进 1

⑥ 马六退五